Stephanie Boniberger

Musical in Serie

Von *Buffy* bis *Grey's Anatomy*:
Über das reflexive Potential der *special episodes* amerikanischer TV-Serien

FILM- UND MEDIENWISSENSCHAFT

Herausgegeben von Irmbert Schenk und Hans Jürgen Wulff

ISSN 1866-3397

17 *Daniela Olek*
LOST und die Zukunft des Fernsehens
Die Veränderung des seriellen Erzählens im Zeitalter von *Media Convergence*
ISBN 978-3-8382-0174-0

18 *Eleonóra Szemerey*
Die Botschaft der grauen Wand
Über die Vermittlung von Hoffnung und Hoffnungslosigkeit in Aki Kaurismäkis Verlierer-Filmen
ISBN 978-3-8382-0222-8

20 *Jonas Wegerer*
Der nahe Fremde: Der amerikanische Western in den Kinos der Bundesrepublik Deutschland (1948-1960)
Eine rezeptionshistorische Analyse
ISBN 978-3-8382-0307-2

21 *Peter Podrez*
Der Sinn im Untergang
Filmische Apokalypsen als Krisentexte im atomaren und ökologischen Diskurs
ISBN 978-3-8382-0254-9

22 *Yvonne Augustin*
Episodisches Erzählen im Film
Alejandro González Iñárritus Filmtrilogie AMORES PERROS, 21 GRAMS und BABEL
ISBN 978-3-8382-0335-5

23 *Julia Steimle*
Fiktive Realität – reale Fiktion
Realitätsebenen und ihre Integration im Hollywood-Backstage-Musical, untersucht anhand von THE BROADWAY MELODY, GOLD DIGGERS OF 1933, THE BAND WAGON, ALL THAT JAZZ und MOULIN ROUGE!
ISBN 978-3-8382-0319-5

24 *Jana Heberlein*
Die *Neue Berliner Schule*
Zwischen Verflachung und Tiefe: Ein ästhetisches Spannungsfeld in den Filmen von Angela Schanelec
ISBN 978-3-8382-0407-9

25 *Karoline Stiefel*
Geistesblitze und Genialität – Bilder aus dem Gehirn des Detektivs
Die Visualisierung von Imagination in den TV-Serien SHERLOCK und HOUSE, M.D.
ISBN 978-3-8382-0522-9

26 *Stephanie Boniberger*
Musical in Serie
Von *Buffy* bis *Grey's Anatomy*: Über das reflexive Potential der *special episodes* amerikanischer TV-Serien
ISBN 978-3-8382-0492-5

Stephanie Boniberger

MUSICAL IN SERIE

Von *Buffy* bis *Grey's Anatomy*:
Über das reflexive Potential der *special episodes*
amerikanischer TV-Serien

ibidem-Verlag
Stuttgart

Bibliografische Information der Deutschen Nationalbibliothek
Die Deutsche Nationalbibliothek verzeichnet diese Publikation in der Deutschen Nationalbibliografie; detaillierte bibliografische Daten sind im Internet über http://dnb.d-nb.de abrufbar.

Bibliographic information published by the Deutsche Nationalbibliothek
Die Deutsche Nationalbibliothek lists this publication in the Deutsche Nationalbibliografie; detailed bibliographic data are available in the Internet at http://dnb.d-nb.de.

Coverbild: © Sergey Nivens – Fotolia.com

∞

Gedruckt auf alterungsbeständigem, säurefreien Papier
Printed on acid-free paper

ISSN: 1866-3397

ISBN-13: 978-3-8382-0492-5

Printed in Germany

Inhaltsverzeichnis

1 Einleitung

Serien sind seit jeher ein fester Bestandteil der Fernsehlandschaft. Im Kontext medientheoretischer Auseinandersetzungen mit der Spezifik des Fernsehprogramms sind Fernsehserien häufig als die "Medium adäquateste Gattung"[1] beschrieben worden, da, wie unter anderem Günther Giesenfeld und Prisca Prugger konstatieren, "die Serialität als ein besonderes, das Programm bestimmendes Charakteristikum des Fernsehens insgesamt angesehen"[2] werden kann. Auch heute scheint diese generelle "Tendenz zur Serialisierung"[3] nicht unbegründet, wirft man einen Blick auf die anhaltende Dominanz vor allem US-amerikanischer Serien im Fernsehprogramm. In den letzten Jahren begrenzt sich die Euphorie für die US-amerikanische Fernsehserie nicht länger auf Fanforen oder einzelne Fernsehkritiker, stattdessen ist unter Feuilleton-Kritikern und Wissenschaftlern gleichermaßen die einstige Skepsis einem breiten "Diskurs der Bewunderung"[4] gewichen. Zahlreiche Publikationen und Forschungskolloquien[5] befassen sich mit der US-amerikanischen Fernsehserie und nähern sich ihr dabei nicht länger unter der Prämisse einer ideologiekritischen Perspektive, sondern rücken viel eher, wie Arno Meteling, Isabell Otto und Gabriele Scharbacher, deren innovatives Potential in den Mittelpunkt ihrer Untersuchungen:

> Die TV-Serie gilt inzwischen vielmehr als ein Experimentierfeld, in dem neue ästhetische Figurationen jenseits von abgeschlossenen Einzelwerken oder auch in Form von ,neuen' Gesamt(kunst)werken, die sich über eine große Zahl von Episoden und mehrere Staffeln narrativ erstrecken, ausgelotet werden.[6]

Gerechtfertigt wird diese akademische Hinwendung zu zeitgenössischen US-amerikanischen Fernsehserien hauptsächlich mit der Proklamation eines "radikalen Wandels"[7] in der US-amerikanischen Serienlandschaft ab Mitte der 1990er Jahre, wie unter anderem nachzulesen in Sascha Seilers *Was bisher geschah. Serielles Erzählen im zeitgenössischen amerikanischen Fernsehen* oder auch in Gaby Allraths et al. "Introduction: Towards a Narratology of TV Series". Robert J. Thompson konstatiert Ähnliches, allerdings bereits 1996, und beschreibt mit Hilfe des Begriffs der *Quality*

---

1 Weber, Tanja/Junklewitz, Christian 2008, S. 13.
2 Giesenfeld, Günter/Prugger, Prisca 1994, S. 349.
3 Prugger, Pisca 1994. S. 92.
4 Kirchman, Kay 2010, S. 61.
5 An der Universität Göttingen beispielsweise gibt es seit dem Jahr 2010 eine Forschungsgruppe zum Thema "Ästhetik und Praxis populärer Serialität".
6 Meteling, Arno/Otto, Isabell/Schabacher, Gabriele 2010, S. 7.
7 Seiler, Sascha 2008, S. 6.

Television Series das Aufkommen eines zweiten goldenen Zeitalters des Fernsehens[8]. Während das Hauptaugenmerk bei aktuellen Auseinandersetzungen auf dem innovativen Potential US-amerikanischer Fernsehserien wie *Lost*, *Dexter*, *The Sopranos*, *24*, *Breaking Bad, Six Feet Under* oder *The Wire* liegt, standen Ende der 1980er Jahre bereits Serien wie *Dallas*, *Miami Vice*, *Hill Street Blues* oder *Twin Peaks* im Fokus wissenschaftlicher Auseinandersetzungen und wurden ebenfalls, unter anderem für ihre inhaltliche Komplexität, ihre exzessive visuelle Gestaltung und ihre Orientierung an filmischen Standards gelobt. Ohne ausführlicher auf die Problematik der Ausrufung solcher Zäsuren eingehen zu wollen[9], wird dieser "radikale Wandel"[10] im Kontext der US-amerikanischen Fernsehserien unter anderem am Aufbrechen narrativer Konventionen, der zunehmenden Bedeutung des visuellen Stils, dem *Genre-Crossing*, der steigenden Komplexität der Figurenkonstellationen und dem Auftreten von narrativen oder visuellen Experimenten festgemacht. So schreibt Jason Mittell, wenn auch vielleicht etwas euphorisch, in seinem vielzitierten Aufsatz "Narrative Complexity in Contemporary American Television": "I believe that American television of the past twenty years will be remembered as an era of narrative experimentation and innovation, challenging the norms of what the medium can do."[11] Sogenannte *event episodes* oder *special episodes* werden in diesem Zusammenhang als Episoden beschrieben, die die generischen oder narrativen Konventionen ihrer jeweiligen Serie aufbrechen und in Frage stellen.[12] Häufig erwähnt wird in diesem Zusammenhang die Folge "The Interview" (Episode 24, Staffel 4) der Serie *M*A*S*H*, die entgegen der anderen Folgen der Serie in schwarz-weiß gedreht wurde. Im Stil eines Dokumentarfilms werden die Hauptcharaktere von einem Filmteam über ihre Erfahrungen und Geschichte in Korea interviewt. Ebenfalls großer Aufmerksamkeit erfreute sich die Episode "The Dream Sequence Always Rings Twice" der Serie *Moonlighting*, im Fernsehprogramm angekündigt von keinem Geringeren als Orson Welles[13] persönlich. Die beiden Hauptcharaktere träumen jeweils von der Aufklärung eines Verbrechens der 1940er Jahre. Die beiden Traumsequenzen wurden dabei in schwarz-weiß gedreht, unterschieden sich jedoch in ihrer visuellen Darstellung. Maddies Traumsequenz

---

[8] Vgl. Thompson, Robert J. 1996.

[9] Zu erwähnen ist an dieser Stelle, dass vor allem im Kontext der Auseinandersetzungen mit der *Quality Television Series* ein teils wertender Diskurs stattfindet, der an eine Einteilung in gutes und schlechtes Fernsehen erinnert.

[10] Seiler, Sascha 2008, S. 6.

[11] Mittell, Jason 2006, S. 29.

[12] Vgl. Abbott, Stacey 2010, S. 93.

[13] Dies war Orson Welles letzter Auftritt vor einer Kamera, bevor er am 10. Oktober 1985 verstarb.

wurde als Referenz zu den Schwarz-Weiß-Filmen der 1940er Jahre des MGM Studios gedreht, während Davids Traumsequenz auf den visuellen Stil der "Warner Bros. Studio"-Filme der Zeit verwies. Wie die beiden Beispiele zeigen, weisen die verschiedenen *special episodes* in ihrem Aufbrechen der generischen, visuellen oder narrativen Konventionen eine Nähe zu filmischen Formen und Konventionen auf. Interessant ist dabei, dass trotz einer gewissen Varianz der Referenzgenres, wie dem Dokumentarfilm bei *M*A*S*H*, gerade das Hollywood-Musical eine besondere Rolle im Verhältnis zur *special episode* einnimmt. Die Geschichte der *special musical episode* reicht zurück bis ins Jahr 1956. Die Serie *I Love Lucy* unternahm den ersten Versuch der Integration des Musicals in der am 20. Februar 1956 ausgestrahlten Episode "Lucy goes to Scotland". Wenige Jahre später, 1963, folgte eine Musical-Episode der Serie *The Dick van Dyke Show* namens "The Allan Brady Show Presents".[14] Doch erst in der jüngeren US-amerikanischen Seriengeschichte, nicht zuletzt durch die bereits skizzierten Entwicklungen, setzt sich die Musical-Folge als gängige Form der *special episode* durch und findet eine Realisierung unter anderem in den Serien *Chicago Hope*, *Xena: Warrior Princess, Buffy the Vampire Slayer, Scrubs, That '70s Show, 7th Heaven, Scrubs* und *Grey's Anatomy*. Der Trend zur Musical-Folge scheint bereits so festgeschrieben, dass sogar Michael C. Hall, Produzent und Hauptdarsteller der Serie *Dexter*, in einem Interview im Dezember 2011 scherzhaft sagte, dass auch *Dexter* eine Musical-Episode plane. "When asked what the next step will be for his character – a forensic blood expert moonlighting as a serial killer – Hall said a musical episode may be on its way."[15] Umso erstaunlicher ist es, dass trotz des steigenden wissenschaftlichen Interesses an der attestierten Komplexität der seriellen Narration und des ebenfalls attestierten Aufbrechens dieser seriellen Konventionen in den US-amerikanischen Fernsehserien bis heute beinahe ausschließlich die Musical-Folge "Once more with Feeling" der Serie *Buffy the Vampire Slayer* als Beispiel für diesen radikalen Wandel der Serienlandschaft genannt wird[16], und so der Versuch einer serienübergreifenden Analyse des Phänomens der Musical-Folge ausbleibt.[17] Die hier vorliegende Studie dagegen versucht nun gerade eine serienübergreifende Analyse des Phänomens zu leisten.

---

[14] Vgl. Thorburn, Sandy 2004, S. 1f.

[15] http://www.cbsnews.com/8301-500185_162-57339182/dexter-musical-episode-on-its-way-maybe-not/ (Zugriff: 17.02.2012)

[16] Vgl. Mittell, Jason 2006 oder auch Allrath, Gaby/Gymnich, Marion/Surkamp, Carola 2005.

[17] Einzig Mary Jo Lodge versucht sich dem Phänomen von einer serienübergreifenden Perspektive zu nähern in ihrem Aufsatz: "Beyond 'Jumping the Shark': the new television musical".

1.1 Problemstellung

Im Zentrum der Untersuchung der innovativen und ästhetischen Komplexität zeitgenössischer US-amerikanischer Fernsehserien oder der Attestierung eben dieser Qualitäten steht häufig ihr Umgang mit Zitaten und Verweisen auf andere mediale Formen – also die Frage nach ihrer medialen Reflexivität.[18] Nicht alle Zitate oder Verweise auf andere Medientexte oder -gattungen reichen dabei über eine rein visuelle Imitation hinaus und bleiben so ohne einen semantischen Mehrwert. Auf einer ersten Ebene setzt die hier vorliegende Untersuchung in diesem Spannungsfeld an und fragt nach dem reflexiven Potential von Musical-Folgen in zeitgenössischen US-amerikanischen Fernsehserien. Daran anschließend wird gefragt: Wie integrieren und reflektieren US-amerikanische TV-Serien Elemente des Hollywood-Musicals, und was bedeutet dies für die Serialität der Serie im Kontext des Fernsehens? Erfüllen Musical-Folgen im Kontext ihrer jeweiligen Serie dieselbe Funktion (wenn sie denn eine haben)? Oder erlaubt der Genrewechsel und die Kennzeichnung der Episode als "außergewöhnlich" einfach nur einen auf die Folge begrenzten visuellen oder formalen Exzess?

Andreas Jahn-Sudmann kommt in seinen Ausführungen zu "TV Series, metaseriality and 'the very special episode'" im Kontext der MediaCommons-Themenwoche zu *Popular Seriality* im Dezember 2011 zu folgendem Schluss:

> [T]he 'very special episode' has increasingly become the subject of parody. Today, we think of such a practice primarily in aesthetic terms, referring to musical episodes or dream sequences, but it is obvious that even in this respect the special episode is not that special anymore.[19]

Was hier stattfindet, ist eine vorschnelle Kategorisierung ohne eine ausführliche Untersuchung der im Zentrum stehenden Episoden, was schlussendlich auch dazu führt, dass sich Jason Mittell direkt gegen die Ausführungen von Jahn-Sudmann stellt und im Gegenzug speziell auf das reflexive Potential von Musical-Folgen verweist, das seinen Ausführungen gemäß durch das Aufbrechen der seriellen Konventionen erst ein Bewusstsein für die konstruierte Natur der jeweils geltenden seriellen Normen schafft.[20]

Die hier vorliegende Studie setzt an diesem Punkt an und rückt eine serienübergreifende Untersuchung zeitgenössischer US-amerikanischer Musical-Folgen in ihr Zent-

---

[18] Vgl. Meteling, Arno/Otto, Isabell/Schabacher, Gabriele 2010, S. 10.

[19] http://mediacommons.futureofthebook.org/imr/2011/12/15/tv-series-metaseriality-and-very-special-episode (Zugriff: 25.02.2012)

[20] Vgl. ebd., Kommentar Jason Mittell.

rum. Dabei soll, wie bereits erwähnt, das vor allem von Jason Mittell immer wieder erwähnte reflexive Potential der Musical-Folgen untersucht werden, während gleichzeitig der Versuch unternommen wird, auf die Frage zu antworten, warum – wie von Andreas Jahn-Sudmann beschrieben – beispielsweise neben Traumsequenzen immer wieder serienübergreifend der Wechsel zum Musical vollzogen wird. Welche Möglichkeiten und Versprechen werden mit diesem häufig kostenintensiven und produktionsaufwändigen Wechsel verbunden? Überspitzt formuliert: Was bietet das Hollywood-Musical, das es für die unterschiedlichsten Serien so unwiderstehlich macht?

1.2 Zielsetzung

Ziel dieser Untersuchung ist es, eine erste serienübergreifende Analyse der Musical-Folgen zeitgenössischer US-amerikanischer Fernsehserien zu leisten, in deren Zentrum einerseits die Frage nach dem reflexiven Potential des Genrewechsels steht und andererseits die Frage nach den Gründen für die beliebte Hinwendung zur Form des Hollywood-Musicals – vor allem im Kontext der vielfach beschriebenen Steigerung der Komplexität der seriellen Narration. Folglich wird sich die Untersuchung auf den Zusammenhang zwischen der inhaltlichen Ebene, dem "Was" des Erzählens, und der formalen Ebene, dem "Wie" des Erzählens, der einzelnen Folge richten und versuchen dieses Verhältnis in den Zusammenhang der Serie als Ganzes zu setzen.

Was hier nicht geleistet werden kann, ist eine umfassende oder allgemeingültige Darstellung des Phänomens der Serialität oder der seriellen Narration. Gleiches gilt für die notwendige Darstellung und Konkretisierung der Form des Hollywood-Musicals. Stattdessen werden die angeführten Phänomene hinsichtlich ihrer Relevanz für die Analyse untersucht und unter diesem Gesichtspunkt die zentralen Aspekte herausgegriffen und an gegebener Stelle konkretisiert.

Durch die recht große Anzahl der Musical-Folgen und der damit einhergehenden Behandlung derart unterschiedlicher Serien wie *Chicago Hope* (1994-2000), *Scrubs* (2001-2010), *Xena: Warrior Princess* (1995-2001), *Buffy the Vampire Slayer* (1997-2003), *That '70s Show* (1998-2006), *Grey's Anatomy* (2005-heute) und *7th Heaven* (1996-2007) wird die Kenntnis der einzelnen Serien, wenn auch nicht in ihrer Gänze, so doch zumindest in Teilaspekten, vorausgesetzt. Ebenfalls zu erwähnen ist an dieser Stelle, dass sich das Korpus dieser Studie auf Musical-Folgen im Zusammenhang mit den *special episodes* beschränkt. Serien wie *Glee* (2009-heute) und *Cop Rock* (1990), deren Folgen sich generell durch die Integration musikalischer Einlagen auszeichnen, sind ausgeschlossen. Ebenfalls ausgeschlossen sind Episoden wie "Girls

Versus Suits" der Serie *How I Met Your Mother* (2005-heute) oder die Folge "New York and Queens" der Serie *The Drew Carey Show* (1995-2004), in denen es lediglich zur Integration einer einzelnen musikalischen Einlage kommt. Eine zusätzliche Eingrenzung wurde getroffen in Bezug auf animierte US-amerikanische Serien wie *The Simpsons* oder *South Park,* in denen die Integration musikalischer Einlagen keine Sonderform des Erzählens darstellt. Zeitlich wird sich die Untersuchung auf zeitgenössische US-amerikanische Serien begrenzen, was konkret die Konzentration auf Serien und Musical-Folgen nach 1990 bedeutet. Zwar gibt es, wie bereits ausgeführt, mit *I Love Lucy* und *The Dick van Dyke Show* schon frühe Beispiele für den Wechsel zum Musical, allerdings setzt sich, wie ebenfalls bereits erwähnt, das *Genre-Crossing* als gängiges Phänomen erst zu einem späteren Zeitpunkt durch.

1.3 Vorgehensweise

Zunächst soll die Serialität als strukturelles Prinzip im Fernsehen, speziell deren Verhältnis von Wiederholung und Variation im Kontext des Mediums, thematisiert werden, um daran anschließend vom Medium zur Form der Fernsehserie übergehen zu können. In einem zweiten Schritt wird die Fernsehserie als narrative Form ebenfalls auf ihre inhärenten seriellen Strukturen der Wiederholung und Variation untersucht. Unter Rekurs auf John T. Caldwells Theorie der Televisualität wird anschließend der Versuch unternommen, das Auftreten der Musical-Folgen, bzw. auf einer ersten Ebene das Phänomen der stilistischen Nachahmung, in einem breiteren theoretischen und vor allem auch historischen Kontext zu erläutern.

In der Auseinandersetzung mit dem Hollywood-Musical sollen vor allem die typischen stilistischen und narrativen Prinzipien untersucht werden. Im Zentrum stehen dabei hauptsächlich Rick Altmans Auseinandersetzungen mit dem Hollywood-Musical. Im letzten Punkt dieses Kapitels zum Musical soll anhand der beiden Filme *Dancer in the Dark* und *Les Parapluies de Cherbourg* eine Aktualisierung und in gewisser Weise auch Erweiterung Altmans restriktiver Definition geleistet werden, um die von ihm als zentral beschriebenen narrativen und stilistischen Prinzipien auch für die Analyse der Musical-Folgen anwenden zu können.

In der Analyse wird zunächst versucht, eine erste Kategorisierung der verschiedenen Musical-Folgen zu erarbeiten, um daran anschließend danach zu fragen, wie die unterschiedlichen Serien die jeweiligen Musical-Folgen integrieren. Welche Konsequenzen oder Auswirkungen hat der Wechsel zum Musical für die einzelne Folge und die Serie als Ganzes, wenn es denn welche gibt? Wie begründen die einzelnen Episoden den plötzlichen Wechsel zu Musik, Tanz und Gesang, wenn er denn begründet wird? Untersucht werden soll in diesem Zusammenhang auch, ob serienübergreifend ein bestimmter Zeitpunkt oder eine bestimmte thematische Konstellation den Wechsel zum Musical begünstigen. Ebenfalls wird gefragt, ob und, wenn ja, wie die Serie als Ganzes die einzelne Musical-Folge erinnert.[21]

[21] Der Analyse zugrunde liegen, wenn vorhanden, die jeweiligen deutschen DVD-Veröffentlichungen der behandelten Serien. Wenn nicht vorhanden, liegen der Analyse Aufzeichnungen der jeweiligen Erstausstrahlung im US-amerikanischen Fernsehen zugrunde, wobei alle erwähnten Episoden in der originalen, englischen Sprachversion gesichtet wurden.
Alle zeitlichen Angaben beziehen sich dementsprechend auf die deutschen DVD-Fassungen oder die Aufzeichnung der jeweiligen Erstausstrahlung. Als Serien- und Episodentitel werden durchgängig die aus dem Amerikanischen stammenden Originaltitel verwendet. Die Serientitel sowie alle erwähnten Buchtitel und Begriffe aus dem englischen Sprachgebrauch sind in kursiv gehalten, während die einzelnen Episodentitel oder Liednamen mit Anführungszeichen gekennzeichnet sind.

2 Wiederholung in Variation

Auf einer ersten Ebene lassen sich serielle Formen als "Formen der Wiederholung, Reihung, Verdopplung und Variation"[22] beschreiben, die künstlerische und mediale Praktiken seit jeher prägen.[23] Dabei steht bei Auseinandersetzungen mit den modernen Massenmedien, vor allem aber mit dem Fernsehen, das Serielle auch häufig als mediales Strukturelement im Mittelpunkt. Dem Problem der Formulierung einer allgemeingültigen Definition von Serie begegnen Junklewitz und Weber mit einer Minimaldefinition, die je nach Forschungsperspektive und Analyseschwerpunkt konkretisiert werden muss.

> Eine Serie besteht aus zwei oder mehr Teilen, die durch eine gemeinsame Idee, ein Thema oder ein Konzept zusammengehalten werden und in allen Medien vorkommen können.[24]

Für die Analyse der Bedeutung und Funktionsweisen von Musical-Episoden in TV-Serien müssen daher zunächst serienspezifische Formen der Narration und der visuellen Darstellungsformen im Kontext des Mediums Fernsehens konkretisiert werden. Um sich dem Prinzip der Serialität hinsichtlich des Fernsehens zu nähern, bedient sich die aktuelle Serienforschung verschiedener begrifflicher Gegensatzpaare wie Stasis und Dynamik, Kontinuität und Unterbrechung, Wiederholung und Variabilität, Offenheit und Geschlossenheit.[25] Im Folgenden soll nun zuerst die Serialität als strukturelles Prinzip im Fernsehen anhand der aufgeführten Kategorien thematisiert werden, indem speziell auf das Verhältnis von Wiederholung und Variation eingegangen wird. Daran anschließend soll die Fernsehserie als spezifische narrative Form untersucht werden.

Heike Klippel und Hartmut Winkler fragen in ihrem Artikel "'Gesund ist, was sich wiederholt'. Zur Rolle der Redundanz im Fernsehen" nach den verschiedenen Strukturen von Wiederholung, "die sich durch all das hindurchziehen, was im Fernsehen gezeigt wird"[26], und daran anschließend, worin deren Wirkungen oder Funktionen bestehen. Die Wiederholung ist in diesem Zusammenhang zu unterscheiden von der Wiederholung im Sinne Walter Benjamins, der das durch die Medien Fotografie, Film und Radio wiederholbar gewordene Produkt mit dem künstlerischen Werk kon-

[22] Köhler, Kristina 2011, S. 26.
[23] Vgl. ebd., S. 26.
[24] Weber, Tanja/Junklewitz, Christian 2008, S. 18.
[25] Vgl. Meteling, Arno/Otto, Isabell/Schabacher, Gabriele 2010, S. 7.
[26] Klippel, Heike/Winkler, Hartmut 1994, S. 123.

frontiert und dabei den Verlust der Aura konstatiert.[27] Ebenfalls abzugrenzen ist die Wiederholung von der von Horkheimer und Adorno proklamierten identischen Wiederholung als Produkt einer "allgegenwärtigen und egalisierenden Kulturindustrie"[28], die durch die "Manifestationen des Identischen"[29] sowieso jede Analyse einzelner Produkte oder Serien überflüssig mache. Durch die im Zentrum dieser Studie stehende Fokussierung auf Fernsehserien ist die Wiederholung hier auch nicht als "Wiederholung im eigentlichen Wortsinn"[30], als Mehrfachausstrahlung oder Zweitrezeption von besonderem Interesse, sondern vielmehr die Wiederholung als "Wiederholung des bloß Ähnlichen,"[31] die, Klippel und Winkler zufolge, für das Medium Fernsehen charakteristisch ist. In Abgrenzung zu Bellour, für den mit Fokus auf den Spielfilm die Wiederholung konstitutiv für die Narration und ihre Auflösung ist, bewirken die sich durch das Medium Fernsehen hindurchziehenden Wiederholungsstrukturen eine zusätzliche Form der Geschlossenheit: die Verleihung eines konstanten Bewegungsrhythmus.[32]

> Während der einzelne Film dafür sorgen muß, daß das Publikum sich wieder von ihm verabschiedet, führt das Fernsehen dem Zuschauer Beharrlichkeit vor – es liegt ihm primär daran, daß nicht abgeschaltet wird, daß der Fluß aufrechterhalten bleibt.[33]

Gleichzeitig zieht sich im Medium Fernsehen durch die Wiederholung die Veränderung. Unter der Prämisse der Aktualität vollzieht sich ein kontinuierlich voranschreitendes *Updating*[34], das für die Modifizierung der Wiederholungsstrukturen sorgt. Und eben genau durch diese "Wiederholung des bloß Ähnlichen"[35] überwindet das Fernsehen den Konflikt des Versprechens nach Abwechslung und Unterhaltung mit der damit einhergehenden Vorstellung der Unübersichtlichkeit und findet darin schließlich seine Eindeutigkeit.[36]

Unter Rekurs auf eine mögliche Verbindung von Gedächtnis- und Medientheorien, die eine Perspektivierung des Phänomens der Wiederholung als Erinnerungsfigur mit sozialen Funktionen leisten können, verorten Klippel und Winkler das Medium Fern-

---

27 Vgl. Parr, Rolf 2004, S. 33f.
28 Ebd., S. 34.
29 Kloock, Daniela/Spahr, Angela 2007, S. 35.
30 Parr, Rolf 2004, S. 35.
31 Ebd., S. 36.
32 Vgl. Klippel, Heike/Winkler, Hartmut 1994, S. 124.
33 Ebd., S. 124.
34 Ebd., S. 124.
35 Ebd., S. 124.
36 Vgl. ebd., S. 125.

sehen zwischen den Kulturen der Schriftlich- und Mündlichkeit. Als technisches Medium unterliegt das Fernsehen "eindeutig den Bedingungen der Schriftkultur: Geschichtlichkeit, Nicht-Identität, prinzipiell unbegrenzter Speicher."[37] Auf der Ebene seiner Strukturen allerdings nähert es sich den Kulturen der Mündlichkeit: "es ist gegenwartsfixiert und ahistorisch; seine Darstellungsformen enthalten eine Vielzahl retardierender Momente, wodurch ständig zwischen Statik und Dynamik moderiert wird."[38] Ergänzt wird diese Perspektive durch eine semiotische Dimension der Wiederholung, die für die Funktionsweise des Fernsehens von Bedeutung ist: "die Wiederholung auf der Ebene der einzelnen Bilder, visueller Schemata und ästhetischer Strukturmuster."[39] Dabei ist eine Grundannahme, dass technische Bilder im direkten Bezug zu zwei Versprechen stehen, die auf den ersten Blick den im Medium Fernsehen präsenten Wiederholungsstrukturen entgegenzustehen scheinen: das Versprechen der Konkretion und der Aktualität. Im Kontext der Konkretion scheinen sich technische Bilder gegen eine Wiederholung im "wörtlichen" Sinn zu sperren. "Die mechanische Wiederholung [...] unterliegt einem strengen Tabu."[40] Um diese empfindliche Stelle gruppieren sich Hartmut Winkler zufolge verschiedene Konventionen, die gerade die spezifische Funktionsweise des Mediums Fernsehen ausmachen. Als eine Strategie beschreibt er dabei die "*nicht*-mechanische Serialität"[41].

> Filmserien, Fernsehserien oder periodische Sendeformen operieren mit einem Kalkül aus Konstanz und Variation. Indem sie konstante Settings innerhalb bestimmter Grenzen variieren, einzelne Elemente zu Variablen machen und andere als Momente der Beharrung bewußt konstant halten, umspielen sie den Ort, den die tatsächliche Wiederholung einnehmen würde; diese tatsächliche Wiederholung stellt die objektive Grenze dar, der das Spiel sich beliebig annähern, die es aber nie berühren darf.[42]

Unter dieser Oberfläche der konkreten Differenzen ist jedoch eine eher tendenziell identische Wiederholung auszumachen, die im Medium Fernsehen aber nicht im Konflikt mit der tendenziell nicht-identischen Wiederholung steht.[43] Im Fernsehen "gehen nicht bestimmte Sendungen in unterschiedliche Kontexte ein, sondern umgekehrt, strikt vorgegebene Rahmen werden mit variierenden Inhalten gefüllt."[44] Im

[37] Ebd., S. 126.
[38] Ebd., S. 126.
[39] Ebd., S. 127.
[40] Winkler, Hartmut 1994, S. 43.
[41] Ebd., S. 44.
[42] Ebd., S. 44.
[43] Vgl. Parr, Rolf 2004, S. 36.
[44] Klippel, Heike 2002, S. 91.

Kontext des Versprechens der Aktualität zeichnet sich ein ähnliches Bild: Zwar suggeriert das Fernsehen durch seine Ereignishaftigkeit stets Neuheit und Aktualität, es bleibt dabei aber strukturell der Wiederholung verpflichtet.[45] Lorenz Engell betont diese Problematik in seiner These vom Fernsehen als Medium: "[...] der rein innermediale Ereignischarakter des spektakulären Bildes wird umgehend abgearbeitet, indem das Fernsehen ihn nach seinen Bedürfnissen in die Zeitdauer hinein streckt, und zwar durch unausgesetztes Wiederholen."[46] Die Integration von Ereignissen, wie beispielsweise den Anschlägen vom 11. September 2001, sorgt zwar einerseits für die Erfüllung des Aktualitätsanspruches durch das Aufbrechen des Programmflusses, unterläuft diese Anordnung aber gleichzeitig durch die unzähligen Wiederholungen der einzelnen Bilder des Ereignisses. "Was immer man sah, im Zweifelsfall war es eine Wiederholung."[47] So überwindet das Medium Fernsehen den scheinbaren Gegensatz von Diskontinuität und Kontinuität, indem es "das aus der Zeit fallende Ereignis in die Zeit hinein projiziert und [es] dadurch aufgehoben, suspendiert [wird]."[48]

2.1 Serialität und Programmstruktur

Die wohl einschlägigste Theorie zum Fernsehprogramm stammt von Raymond Williams, der das Fernsehprogramm als *flow* beschreibt. Im Gegensatz zur früheren Gestaltung des Programms lässt es sich seinen Ausführungen zufolge ab Mitte der 1970er Jahre nicht mehr in Einheiten unterteilen, "die jeweils ein geschlossenes, linear verlaufendes Ganzes bilden."[49] Vielmehr wird das Fernsehprogramm als *flow* "durch eine Bewegung definiert, für die Brüche kennzeichnend sind und die sich nicht mehr ohne weiteres in Einheiten gliedern lässt."[50] Problematisch ist Raymond Williams' Konzept des *flows* im Zusammenhang der hier vorliegenden Untersuchung jedoch, weil es sich gegen eine Analyse einzelner Serien oder Episoden stellt, da diese ein einzelnes "Werk" aus dem Kontinuum des Fernsehens heraus heben würden. Die durch Caldwell ab den 1980er Jahren konstatierte steigende Bedeutung des visuellen Stils, der Autorschaft, die gezielte Vermarktung einzelner Sendungen als Identität eines ganzen Senders und gezieltes *event-status programming*[51] sind ebenfalls

[45] Vgl. Parr, Rolf 2004, S. 36.
[46] Engell, Lorenz 1996, S. 146.
[47] Ebd., S. 146.
[48] Ebd., S. 146.
[49] Schneider, Irmela 2010, S. 57.
[50] Ebd., S. 57.
[51] Vgl. Caldwells Konzept der Televisualität, Caldwell, John Thornton 2002, S. 165-201.

Strategien, die einen direkten Bruch mit dem Williams'schen Konzept des *flows* darstellen.[52] In diesem Kontext wäre es sinnvoller, das Fernsehen, wie Sarah Kozloff bereits in ihrem 1992 erschienenen Artikel "Narrative Theory and Television" schreibt, als Geschichtenerzähler[53] zu beschreiben, oder nach Joan Bleicher als narratives Erkenntnissystem.[54] Diesem Ansatz folgend, lässt sich das Fernsehen als Erzählmedium fassen, dessen Programm sich mit Kay Kirchmann als "Hyper-Narrativ"[55] beschreiben lässt und sich wiederum "in zahllose kleinere Narrative (Formate, Sendungen, Serien) ausdifferenziert, die ihrerseits wiederum in noch kleinere narrative Einheiten zerfallen."[56] Das Programm, als Rahmen für unterschiedliche Narrative, lässt sich dann als zeitlich linear verlaufendes, additives Ordnungsprinzip einzelner Sendungen beschreiben, wobei diese lineare Reihung nicht als kausale Abfolge zu verstehen ist.[57] Zudem lässt das Prinzip der Reihung, trotz alternativer Programmangebote, zu jedem gegenwärtigen Zeitpunkt nur die Wahl eines Elementes zu – alle anderen Elemente werden ausgeschlossen "und bleiben als nicht gewählte, paradigmatische Verweise kopräsent."[58]

Im Hinblick auf die Frage nach der Serialität des Fernsehprogramms und der Eingliederung serieller Erzählformate bietet es sich an, das Konzept des Williams'schen *flow* mit John Ellis Ausführungen zur einer fernsehspezifischen Programmstruktur zu aktualisieren – nicht zuletzt weil sich, wie Gabriele Schabacher ausführlich argumentiert, die sogenannten *serials* mit ihrer Fortsetzungslogik eben genau gegen den *flow* Williams'scher Prägung sperren[59] und das Konzept des *flows* nicht die Rezeptionsgewohnheiten aller Zuschauer treffend beschreibe, da einige Zuschauer nur für bestimmte Sendungen ein- und danach wieder ausschalten würden.[60] John Ellis aktualisiert Raymond Williams' Konzept des *flows* insoweit, als dass er nicht von heterogenen Elementen, sondern von Segmenten (zeitlichen Einheiten von maximal fünf Minuten) spricht. Diese Segmente organisieren sich in Gruppen, "welche entweder nur einfache Ansammlungen darstellen [...] oder durch Wiederholung und Abfolge einen

52 Vgl. Scharbacher, Gabriele 2010, S. 26f.
53 Vgl. Kozloff, Sarah 1992, S. 67.
54 Vgl. Bleicher, Joan 1999, S. 114.
55 Kirchmann, Kay 2006, S. 162.
56 Ebd., S. 162.
57 Vgl. Bleicher, Joan 1999, S. 114f.
58 Winkler, Hartmut 1996, S. 47.
59 Vgl. Scharbacher, Gabriele 2010, S. 26.
60 Vgl. Allrath, Gaby/Gymnich, Marion/Surkamp, Carola 2005, S. 3.

gewissen Zusammenhang erhalten,"[61] wie dies beispielsweise bei seriellen Formen der Fall ist. Als typische Form der Wiederholung des Fernsehens differenziert Ellis daran anschließend zwischen den beiden Serienformen *series* und *serials* und beschreibt sie gleichzeitig als "eine vom Fernsehen perfektionierte Form von 'Kontinuität-plus-Differenz'."[62]

Dementsprechend kann, in Abgrenzungen zu anderen Medien, dem Fernsehen eine Tendenz zur Serialisierung attestiert werden, die jedoch differenziert betrachtet werden muss.[63] Knut Hickethier kritisiert "ein[e] rasch[e] Gleichsetzung von Medium und Programmform [...] und [die] damit häufig verbunden[e] ontologisch[e] Fixierung der Serie als *der* fernsehspezifischen Programmform."[64] Für ihn gilt die "*Serialität des Programms* [zwar ebenfalls] als eine dem Fernsehprogramm inhärente Struktur,"[65] allerdings ist diese durchaus nicht obligatorisch.[66] Stattdessen entsteht durch die Einrichtung wiederkehrender Programmplätze "eine regelmäßige und kontinuierliche – und damit auch serielle – Produktion des Programms. Ihr Übergang zur Serienproduktion ist zwar nicht zwangsläufig, aber naheliegend."[67] "Das Strukturprinzip des Programms" wird somit, so Hickethier weiter, "[...] zum Strukturprinzip der Produkte."[68]

2.2 Serialität im Kontext der Fernsehserie

Generell gesprochen lässt sich sagen, dass ein Medium nur an seinen Formen ansichtig wird bzw. sich beobachten lässt. In diesem Zusammenhang kann die Serie als eine Form des Fernsehens betrachtet werden, in der sich Fernsehen nicht nur ereignet, sondern auch auf sich selbst zurückweist. Speziell in der Serie hat das Fernsehen eine Form ausgebildet, "in der es seine Idee der Wiederholung betrachtet, bearbeitet und variiert."[69] Dabei werden Ereignisse nicht nur nach bestimmten Mustern miteinander verbunden. Diese Verbindungen und Variationen selbst werden reflektiert.[70] Betrach-

---

[61] Ellis, John 2002, S. 45.
[62] Ebd., S. 54f.
[63] Vgl. Prugger, Pisca 1994. S. 92.
[64] Hickethier, Knut 1991. S. 7.
[65] Ebd., S. 11.
[66] Vgl. ebd., S. 7.
[67] Ebd., S. 12.
[68] Ebd., S. 12.
[69] Fahle, Oliver/Engell, Lorenz 2006. S. 17.
[70] Ebd., S. 17.

tet man das Fernsehen als Erzählmedium, lässt sich die Serie als Narrativ fassen, dessen zentrales Merkmal die Wiederholung ist.

> Allen serialen und seriell angebotenen Produkten ist das stilistische Merkmal der Wiederholung gemeinsam. [...] Für sie gilt das Prinzip der wiederholten Vervielfältigung eines Modells [...], d.h. seiner herausragenden innovativen Elemente. Diese beinhalten Figurenkonstellationen, Milieus, aber auch Handlungsstrukturen und narrative Stile, die jeweils verschiedene Variationsgrade aufweisen.[71]

Die Serie als Teil des Fernsehprogramms schafft durch die periodische Abfolge abgegrenzter Einheiten, einzelner Folgen, ein Kontinuum, eine eigene Welt, die in sich stimmig ist und erst durch eine regelmäßige, häufig auch auf die chronologische Reihenfolge festgelegte Rezeption erfahrbar werden kann. Die einzelne Folge bietet durch Dramaturgie- und Produktionsstrukturen über ihre Grenzen hinaus Anknüpfungspunkte zu vorangegangenen oder nachfolgenden Episoden und verweist gleichzeitig auch immer auf ein Vorher oder Nachher.[72] Allerdings erlauben Serien durch ihre Einteilung in einzelne Folgen sowie durch ihre temporale und inhaltliche Sukzessivität immer auch die Diskontinuität. Fernsehserien strukturieren durch die wiederkehrende Ausstrahlung und den gleichbleibenden Sendeplatz den Rezeptionsrhythmus der Zuschauer und führen "eine Zeit der Serie ins Feld, die grundlegend für die Ordnung des Fernsehens ist"[73] und für die es beispielsweise "in der Filmzeit keine Entsprechung gibt."[74] Prisca Prugger sieht dann genau darin auch das eigentliche Wirkungspotential der Serie: "Ihre Wirkung muss sich nicht auf ein erstes, einmaliges Rezeptionserlebnis beschränken, sie entfaltet sich vielmehr im Zeitkontinuum."[75]
Das Verhältnis von Variation und Wiederholung im Kontext der Fernsehserie ist neben der Beschreibung des Rezeptionsrhythmus' auch bei der Untersuchung der wiederkehrenden Grundmuster einer Serie von zentraler Bedeutung.

2.2.1 Die Fernsehserie als operatives Gedächtnis

Die Bestimmung unterschiedlicher Serienformate basiert in der fernsehwissenschaftlichen Literatur hauptsächlich auf der Unterscheidung zweier Grundtypen der Serie: *series* vs. *serials*.[76] Diese Unterscheidung dient zur Untersuchung des Verhältnisses von Serie und Episode und steht häufig im Zusammenhang mit der Frage nach Of-

---

[71] Prugger, Pisca 1994. S. 92.
[72] Vgl. Hickethier, Knut 1991, S. 9.
[73] Scharbacher, Gabrielle 2010, S. 24.
[74] Cavell, Stanley 2002, S. 157.
[75] Prugger, Pisca 1994, S. 101.
[76] Vgl. Weber, Tanja/Junklewitz, Christian 2008, S. 19.

fenheit und Geschlossenheit bzw. dem Verhältnis von Kontinuität und Diskontinuität.[77]

Als *series* werden "Serien mit abgeschlossener Folgehandlung"[78] bezeichnet, *serials* dagegen sind "Serien mit fortlaufenden Handlungssträngen"[79]. Sarah Kozloff unterscheidet die beiden Grundtypen wie folgt:

> *Series* refers to those shows whose characters and settings are recycled, but the story concludes in each individual episode. By contrast, in a *serial* the story and discourse do not come to a conclusion during an episode, and the threads are picked up again after a given hiatus. [...] Serials can be further divided into those that do eventually end [...] and those [...] that may be canceled but never reach a conclusion, a new equilibrium.[80]

Allgemein gesprochen lassen sich Serienformen durch die Unterscheidung von Wieder- und Weitererzählen differenzieren. Die Unterscheidung von *series* und *serials* soll jedoch nicht als Schema von Alternativen, sondern vielmehr als zweipoliges Kontinuum verstanden werden, welches den erzählerischen Grad der Kontinuität bzw. der intraserialen Kohärenz angibt.[81] Besonders im Zusammenhang mit der Einordnung neuer, komplexer US-amerikanischer Fernsehserien werden Formen der *series/serial*-Hybridisierung gerne in den Vordergrund gestellt, die ein Verschwimmen der Grenzen beider Extremwerte gezielt forcieren. Sarah Kozloff argumentiert allerdings, dass dieses Aufbrechen der Grenzen bereits Mitte der 1980er Jahre begonnen hat, und attestiert diesen Hybridformen generell eine Tendenz zur Serialisierung[82].

> I am tempted to claim that one of the distinguishing characteristics of American television over the last five years has been its blurring of the distinction between series and serials, or; to be more precise, its increased tendency toward serialization.[83]

In diesem Kontext ist oft die Rede von einer spezifischen "prime-time episodic seriality"[84] oder dem Verweis auf die aktuell die Serienlandschaft dominierende Form der "series as serial, [...] die sich unter anderem dadurch auszeichne, dass sie mit der seriellen Form selbst experimentiere."[85]

---

77 Vgl. Scharbacher, Gabrielle 2010, S. 25.
78 Weber, Tanja/Junklewitz, Christian 2008, S. 19.
79 Ebd., S. 19.
80 Kozloff, Sarah 1992, S. 90f.
81 Vgl. Scharbacher, Gabrielle 2010, S. 27, Allrath, Gaby/Gymnich, Marion/Surkamp, Carola 2005, S. 5, Weber, Tanja/Junklewitz, Christian 2008, S. 23.
82 Gaby Allrath, Marion Gymnich und Carola Surkamp schließen sich Kozloff in ihrer Argumentation an. Vgl. Allrath, Gaby/Gymnich, Marion/Surkamp, Carola 2005, S. 5.
83 Kozloff, Sarah 1992, S. 92.
84 Vgl. Mittell, Jason 2006, S. 33.
85 Scharbacher, Gabrielle 2010, S. 27.

Zieht man Lorenz Engells systemtheoretisch geprägten Überlegungen zu Serien als operativem Gedächtnis des Fernsehens hinzu, konstituieren sich Fernsehserien über die Unterscheidung von Vergessen und Erinnern bzw. durch ihr Verhältnis von Neuem und Bekanntem. Erinnern bedeutet dabei etwas als Wiederholung, Vergessen dagegen etwas als neu zu behandeln. Das Fernsehen als operatives Gedächtnis ordnet Ereignissen einen Erinnerungs- oder Vergessenswert zu und löst damit einen vertrauten oder unvertrauten Umgang mit ihnen aus.[86]

> Noch genauer: Es umgibt das Ereignis, kontextualisiert es mit Umständen, die Vertrautheit oder Unvertrautheit auslösen und anzeigen. Unvertrautheit schafft die Unsicherheiten, die dann durch die Vertrautheit beseitigt werden. Solche Umstände, die beides leisten, natürlich sind dann auch und besonders: die Fernsehserien.[87]

Episoden- und Fortsetzungsserien[88] unterscheiden sich in diesem Zusammenhang durch ein entgegengesetztes Verhältnis von Erinnern und Vergessen. Episodenserien (*series*) zeichnen sich dadurch aus, dass die einzelne Folge erinnert, während die Serie als Ganzes vergisst. Erinnern auf Ebene des Seriengedächtnisses findet in der einzelnen Episode statt, beispielsweise durch ein gleichbleibendes Setting, eine unveränderliche Dramaturgie oder eine Konstanz in Visualisierung und Stil. Diese strukturelle Positionierung wiederholt sich für Engell auch semantisch in der Diegese jeder einzelnen Episode. Das Ziel einzelner Folgen bestehe darin, das vermeintlich Neue immer wieder auf das Bekannte zurück zu binden, oder anders: Information in Redundanz umzuformen.[89] Betrachtet man allerdings die Serie als Ganzes, dann wendet sich dieses Verhältnis von Erinnern und Vergessen. Jede Folge suggeriert Vertrautheit und Vergangenheit, beginnt aber stets an dem Punkt, an dem bereits die Vorherige begann. Die Figuren beispielsweise sammeln niemals Erfahrungen an und vergessen, was sie im Laufe der Serie gelernt haben. Gleichbleibende Probleme werden auf die stets gleichbleibende Art und Weise gelöst, ohne dass die Figuren das ihrem Verhalten zugrunde liegende Muster erkennen. Die Serie als Ganzes sieht von der Wiederkehr des Gleichen ab und wandelt bzw. operationalisiert so selbsterzeugte Redundanz als Information. So ist die Serie eine Abfolge von Wiederholungen, die in ihrer Reihenfolge gegeneinander austauschbar sind. Nicht zuletzt deshalb stellen Ereignis-

---

[86] Engell, Lorenz 2011, S. 120.
[87] Ebd., S. 120.
[88] Die Begriffe Fortsetzung- und Episodenserie werden äquivalent zu den Begriffen *series* und *serial* verwendet.
[89] Vgl. Engell, Lorenz 2011, S. 122.

se, die sich nicht als Wiederholung kennzeichnen lassen, ein Problem für Episodenserien dar.[90]

Die Fortsetzungsserie (*serial*) dagegen kehrt das beschriebene Verhältnis von Erinnern und Vergessen um. Die einzelnen Folgen schließen mehr oder weniger direkt aneinander an und beziehen so eine genaue Position in der Kette aller Folgen. Die Figuren akkumulieren Erfahrungen, werden älter und können die Serie verlassen oder neu hinzukommen. Die Serie erinnert also. Die Folge im Einzelnen jedoch stellt sich auf die Seite des Vergessens. Im Vergleich zur Episodenserie bleiben die Umstände und Verhältnisse nicht gleich und die Semantik der Figurenhandlung folgt ebenfalls dieser Struktur. Wie bereits erwähnt, erlangen die Figuren stetig neues Wissen und sammeln Erfahrungen, allerdings können sie genau dieses Wissen eben nicht anwenden, weil sich die Situationen und Umstände ständig verändern – somit operieren die Figuren im Modus des Vergessens. Es ist die einzelne Folge, die durch die Markierung eines Vorher und Nachher den Ansatzpunkt für die Wiederholung als Differenz des Erinnerns vom Vergessen setzt.[91] "Die Serie liefert das Material, den Strom der Ereignisse, die einzelne Folge sorgt für die Wiederholung und erzeugt damit das Gedächtnis."[92]

Neben der klassischen Episoden- und Fortsetzungsserie gibt es nach Engell eine dritte Form der Serie, in der sich die Unterscheidung von Erinnern und Vergessen nicht nur als Konflikt zeigt, sondern reflexiv wird. Dabei wird die Unterscheidung von Erinnern und Vergessen nicht alleine getroffen, vielmehr wird sie ihrerseits selbst erinnert oder vergessen, "als bekannt vorausgesetzt oder jedes Mal aufs Neue getroffen."[93] Der Konflikt zwischen Erinnern und Vergessen als Konstruktion des Serienprinzips wird in die Einzelfolge selbst verlagert. Als besonders eindeutiges Beispiel nennt Engell die Serie *Miami Vice*. Die einzelne Folge tritt auf als Abfolge einzelner Sequenzen, eine Kette winziger Binnenepisoden, die aus standardisierten Handlungs- oder Bildelementen[94] bestehen, deren Reihenfolge prinzipiell veränderbar ist. Diese Sequenzen lassen sich allerdings nicht nur als Verbindungen einzelner Elemente lesen, sondern eben auch als Unterbrechungen des Folgenzusammenhangs verstehen.

[90] Vgl. ebd., S. 122f.

[91] Vgl. ebd., S. 124f.

[92] Ebd., S. 125.

[93] Ebd., S. 125.

[94] Im Zusammenhang mit *Miami Vice* sind hier zum einen standardisierte Elemente wie die Verfolgungsjagd, Schießerei oder Razzia gemeint, aber auch funktionale Sequenzen, wie Tag und Nacht, Innen und Außen. Vgl. ebd., S. 125.

Das Prinzip der Unterbrechung, so Engell, "verweist überhaupt [erst] auf den Zusammenhang zwischen Gedächtnis oder Wiederholung einerseits und Ästhetisierung andererseits." [95] Mit Caldwell lässt sich dieser Zusammenhang von Gedächtnis/Wiederholung und Ästhetik/Variation als Übergang von der Television zur Televisualität beschreiben, als Spiel des Fernsehens mit seinen eigenen Formen. Bezogen auf das operationale Gedächtnis wird so durch die ästhetische Variation die Entscheidung getroffen, Bekanntes absichtlich zu vergessen oder zu unterdrücken und das Eintreffende als neu zu kennzeichnen. Hinzu kommt, dass die Entscheidung selbst vergessen oder erinnert wird. Zur Gesamtheit der Integration des Serienprinzips in die Einzelepisode gehört auch, dass die einzelne Folge nicht zu einer kompletten Auflösung der Geschichte führt, "es bleibt immer ein Rest, der wieder aufgenommen und weitergeführt werden kann,"[96] so dass der vermeintliche Gegensatz von Episoden- und Fortsetzungsserien ebenfalls reflektiert wird.[97]

2.2.2 Serielle Narration

Die Serie als Erzählformat ist "keine fernsehgenuine Form."[98] Vielmehr reiht sich die Fernsehserie in eine lang zurückreichende medienübergreifende "Tradition des seriellen Erzählens"[99] ein, bleibt aber als spezifische Form des seriellen Erzählens den spezifischen Codes seines Mediums verpflichtet.

Charakteristisch für die Serie als Erzählformat ist die Verknüpfung ihrer einzelnen Folgen. Auf narrativer Ebene geschieht dies durch wiederkehrende Figuren oder feste Personen-Konstellationen sowie die Kontinuität der Handlung und Schauplätze.[100] Bezogen auf die Handlungskomposition definieren Allrath et al. *ongoing narratives* als zentrales Spezifikum der Fernsehserie.

> A further difference between TV series and most other narratives is the fact that series are by definition *ongoing* narratives. This leads to a number of formal characteristics, such as lack of definitive closure, the occurrence of cliff-hangers, and a tendency towards minimal exposition.[101]

Mit Christine Geraghty lassen sich die erwähnten formalen Charakteristika noch durch eine Zukunftsoffenheit der seriellen Narration ergänzen: "The apparent multi-

---

[95] Engell, Lorenz 2011, S. 126.
[96] Ebd., S. 126.
[97] Vgl. ebd., S. 126f.
[98] Hickethier, Knut 1991, S. 17.
[99] Ebd., S. 28.
[100] Vgl. Weber, Tanja/Junklewitz, Christian 2008, S. 15f.
[101] Allrath, Gaby/Gymnich, Marion/Surkamp, Carola 2005, S. 3. (Hervorh. i. O.)

fariousness of the plots, their inextricability from each other, the everyday quality of narrative time and events, all encourage us to believe that this is a narrative whose future is not yet written."[102]

Auf formaler Ebene können der Titel, die Titelmelodie oder der Vorspann als episodenübergreifende Verbindungsmerkmale benannt werden. Eine besondere Bedeutung bei der Verbindung einzelner Serien kann den sogenannten *recaps* attestiert werden. Im Zusammenhang mit der Komplexität vor allem der *serials*, für die eine stetige Weitererzählung charakteristisch ist, kann der *recap* als spezifische Form der Redundanzerzeugung gesehen werden. Grundsätzlich dient er zuallererst der Kompensation für Nicht-Gesehenes oder Nicht-Erinnertes und bietet so dem Zuschauer, nicht zuletzt aus ökonomischen Interessen des Senders, prinzipiell die Möglichkeit zu einem späteren Zeitpunkt in die Geschichte einzusteigen.[103] Zudem kann den *recaps* eine Erinnerungsfunktion attestiert werden, indem sie – und dies ist häufig bei Serien, die mit Episoden-übergreifenden Handlungsbögen operieren, von zentraler Bedeutung – aus einer Fülle von Informationen die für die aktuelle Episode relevantesten Information vorangegangener Folgen herausgreifen und diese, häufig in der Form einer Montage diverser Dialogszenen, der einzelnen Episode voranstellen. Dabei findet bereits eine Fokussierung auf die die kommende Folge bestimmenden Handlungsstränge statt.[104] Diese Selektion des Serienwissens ist dabei nicht alleine eine zusätzliche Hilfestellung oder Kompensation, vielmehr ist sie eine unverzichtbare Aktualisierung der für die Episode zentralen Kontexte. Zwar bestehen die *recaps* aus bereits gesendetem Material, sind in ihrer spezifischen Kombination des Materials aber neu und somit "kein Paratext im Sinne eines einfachen Beiwerks, sondern integraler Bestandteil der Episode [...]."[105]

Auch wenn fraglich bleibt, inwieweit die einzelnen Verknüpfungsformen für eine allgemeine Definition von Serie relevant sind, sind sie dennoch im Zusammenhang mit der hier verhandelten Frage nach der Integration von Musical-Folgen in den Gesamtkontext der Serie von Bedeutung.

Serialität oder das Serielle wird in den theoretischen Auseinandersetzungen, vor allem des 20. Jahrhunderts, anhand zweier Pole beschrieben: Die Wiederkehr des Immergleichen steht der Serialität als innovatives Kompositionsprinzip gegenüber und

---

[102] Geraghty, Christine 1981, S. 11.
[103] Vgl. Meteling, Arno/Otto, Isabell/Schabacher, Gabriele 2010, S. 8.
[104] Vgl., ebd., S. 8.
[105] Ebd., S. 8.

wird vor allem in Bezug auf die Serialität der Massenmedien vorwiegend als Gegensatz diskutiert. Umberto Eco überführt diesen scheinbaren Gegensatz in eine "neobarocke Ästhetik", "[...] die das Serielle nicht mehr als defizitär im Vergleich zum originären Werk versteht, sondern als Potential von Differenzen und Verschiebungen erkennt."[106] Daran anschließend argumentiert Eco für eine Verschiebung der Lesart einzelner Serienfolgen, die nicht die Wertigkeit des Wiederholungsformats ins Zentrum stellt, sondern die einzelnen Serienfolgen als eigenständige ästhetische Texte versteht.[107]

Umberto Eco beschreibt die Serie[108] als ein "[...] unmittelbar und ausschließlich die narrative Struktur"[109] betreffendes Phänomen. Serielles Erzählen beruht für Eco auf Repetition, Iteration und Wiederholung, indem nur durch die Variation des Schemas (die Einführung und der Wechsel von Nebenfiguren) die Idee einer neuen Geschichte erzeugt wird: "In der Serie glaubt der Konsument, sich an der Neuheit der Geschichte zu erfreuen, während er faktisch die Wiederkehr eines konstanten Schemas genießt [...]."[110] Diese *Wiederkehr des Immergleichen*[111] entspräche dem Bedürfnis des Menschen nach Stabilität und Sicherheit und versteckt sich hinter der nur scheinbaren Fortentwicklung einer Erzählung.[112]

Besonders im Zusammenhang mit der Debatte um steigende narrative Komplexität und der damit häufig einhergehenden Attestierung qualitativer Merkmale zeitgenössischer US-amerikanischer Fernsehserien kann Umberto Ecos serielles Verständnis von Wiederholung und Variation und seine damit verbundene Konzeption zweier Modell-Leser fruchtbar gemacht werden.

> Jeder Text verlangt und erschafft sich stets zwei Arten von Modell-Leser. Der erste nimmt das Werk als rein semantisches Gebilde und wird zum Opfer der Strategien des Autors, der ihn Schritt für Schritt durch eine Reihe von Voraussagen und Erwartungen führt; der zweite bewertet das Werk als ästhetisches Produkt und beurteilt die Strategien, die der Text anwendet, um ihn zum Modell-Leser der ersten Art zu machen. Es ist dieser Leser der zweiten Art, der die Serialität der Serie genießt, und zwar nicht so sehr wegen der Wiederkehr des Immergleichen (das der naive Leser für immer verschieden hält), sondern wegen der Variationsstrategien beziehungsweise der Art, wie das Immergleiche behandelt wird, um es jeweils verschieden erscheinen zu lassen.[113]

---

[106] Köhler, Kristina 2011, S. 19.
[107] Vgl. ebd., S. 19f.
[108] Unter dem Begriff Serie fasst Eco ausschließlich die Episodenserie.
[109] Eco, Umberto 1990, S. 159.
[110] Ebd., S. 160.
[111] Ebd., S. 160. (Hervorh. i. O.)
[112] Vgl. ebd., S. 157ff.
[113] Ebd., S. 167f.

In diesem Zusammenhang lässt sich sagen, dass vor allem die viel gepriesenen komplexen US-amerikanischen Serien sich verstärkt auf den Modell-Leser zweiter Art zu konzentrieren scheinen, wird denn genau dieser "Genuß der Variation von den anspruchsvolleren und subtiler gebauten Serien gefördert."[114] Serien wie *Buffy the Vampire Slayer*, *House M.D.*, *Scrubs, Lost* oder *Gilmore Girls* setzen häufig durch das Spiel mit intermedialen und intertextuellen Verweisen ein enormes außerserielles Wissen voraus, dessen Bedeutung sich oft erst durch die Lektüre sekundärer Quellen oder die erneute Rezeption der DVD erschließt. Allerdings, so Eco, besteht gleichsam die Möglichkeit der naiven Rezeption, ist doch ein großer Teil der serialisierenden Strategien in den Massenmedien gerade an einem unkritischen Konsumenten interessiert.[115] Dennoch bilden der Genuss an der Variation, die Innovationsstrategien, die organisierte Differenzierung den Kern der von Eco als "neobarock" bezeichneten Ästhetik.[116] Den Begriff der "neobarocken Ästhetik" leitet Eco von den musikalischen Variationen der Barockmusik ab, allerdings, so führt Eco weiter aus, darf man sich von der Bezeichnung nicht täuschen lassen. Der Begriff impliziert die Proklamation einer neuen ästhetischen Sensibilität, die aber bereits einen idealen Leser voraussetzt, der in der Lage ist "[...] Produkte aufgrund ihrer *reinen Form* zu genießen."[117] Im Vergleich zur Barockmusik oder der Minimal Art, die Eco als "asemantisch" bezeichnet und die prinzipiell nur von einem kritischen Leser verstanden werden können, besitzen Fernsehserien aber durchaus einen weltlichen Bezug, "[s]ie bringen 'Figuren der Welt' ins Spiel"[118], die eine rein auf die Form bezogene Lesart erschweren. Demzufolge sind Fernsehserien, zumindest oberflächlich, immer dazu gezwungen, eine Geschichte zu erzählen. Mit Eco: "Eine Geschichte, immer die gleiche."[119]

Jason Mittell prägt in seiner Auseinandersetzung zur "Narrative Complexity in Contemporary American Television" eine ähnliche Kategorie, die vor allem die in zeitgenössischen amerikanischen Serien immer beliebtere Form der Ausstellung narrativer Prozesse, den potentiellen Genuss ihrer Entwirrung und die Fokussierung auf das Erzählen selbst beschreibt. Mittell nennt dies *operational aesthetic*[120]. Diese operationa-

[114] Ebd., S. 168.
[115] Vgl. ebd., S. 169.
[116] Vgl. ebd., S. 175.
[117] Ebd., S. 176.
[118] Ebd., S. 178.
[119] Ebd., S. 178.
[120] Vgl. Mittell, Jason 2006, S. 35.

le Ästhetik kommt vor allem in einzelnen Folgen[121] oder Sequenzen zum Vorschein, die Mittell in Anlehnung an die *special effects* des Films als *narrative special effects* bezeichnet:

> Accounts of cinematic special effects highlight how these moments of awe and amazement pull us out of the diegesis, inviting us to marvel at the technique required to achieve visions of interplanetary travel, realistic dinosaurs, or elaborate fights upon treetops. [...]. While such special effects do appear on television [...] narratively complex programs offer another mode of attractions: the narrative special effect. These moments push the operational aesthetic to the foreground, calling attention to the constructed nature of the narration and asking us to marvel at how the writers pulled it off; often these instances forgo realism in exchange for a formally aware baroque quality in which we watch the process of narration as a machine rather than engaging in its diegesis.[122]

Diese *narrative special effects*, so Mittell, treten vor allem dann auf, wenn Serien bereits ihre komplexen Konventionen und Funktionsweisen ihrer in sich stabilen Welt etabliert haben, und sind Zeichen eines Spiels mit den Grenzen möglicher Variationen der jeweiligen seriellen Themen und Normen. Durch die Verwendung verschiedener konventioneller narrativer Elemente (Rückblenden, Traum- oder Fantasiesequenzen, Zuschaueradressierung), aber eben vor allem durch die Verwendung narrativer Spezial-Effekte verschiebt sich, nach Mittell, in zeitgenössischen Serien die Aufmerksamkeit von einer rein auf die Geschichte bezogenen Ebene hin zu einer auf die konstruktive Natur der Narration bezogenen Lesart. Das Wie der seriellen Narration tritt in den Vordergrund. Besonders und vor allem für die Untersuchung von Musical-Folgen von Interesse ist, dass diese von Mittell beschriebene operationale Ästhetik, trotz der Fokussierung auf das Erzählen selbst, nicht im Widerspruch mit dem Genuss der seriellen Geschichte steht, im Gegenteil: "operational reflexivity invites us to care about the storyworld while simultaneously appreciating its construction."[123] Dadurch kann Mittell im Vergleich zu Eco auf die Konstruktion eines post-postmodernen Publikums verzichten.[124]

2.3 Televisualität

John T. Caldwells Überlegungen zur Televisualität bieten einen weiteren gangbaren Ansatz, das Auftreten stilistischer Variationen innerhalb des Kontexts einzelner Fern-

---

[121] Beispiele nach Mittell sind u.a. die Folgen "Hush", "Once more with Feeling", "The Storyteller" der Serie *Buffy the Vampire Slayer*, die Folgen "Monday" und "Triangle" der Serie *The X-Files*, die Folgen "His Story" und "My Screw up" der Serie *Scrubs*.

[122] Mittell, Jason, S. 35.

[123] Ebd., S. 35.

[124] Vgl. ebd., S. 35f.

sehserien zu betrachten. Seinen Untersuchungen (erstmals publiziert 1995) zufolge ändern sich bereits in den 1980er Jahren die Präsentationsformen oder Visualisierungsprozesse des Fernsehens grundlegend. Das Fernsehen entwickelte sich "[...] von einem System, das Fernsehen vorrangig als eine auf das Wort gestützte Ausdrucksweise und Übertragung behandelte, [...] zu einer an Visualität orientierten Mythologie, Struktur und Ästhetik, die auf einer extremen Selbstreflexion des Stils gründete."[125] Die Gründe für diese neue Betonung des Stils sieht Caldwell unter anderem in veränderten Produktionsweisen, institutionellen Zwängen und ökonomischen Begebenheiten. Dabei definiert er verschiedene Prinzipien, die das Phänomen der Televisualität begrenzen und klären sollen.[126]

Zuerst definiert Caldwell Televisualität als "eine stilistische *Performanz* – ein Exhibitionismus, der sich vieler verschiedener *looks* bediente"[127]. Über Gattungsgrenzen und geltende Konventionen hinweg finden verschiedene *looks* und Visualisierungen Eingang ins Fernsehen, dabei sind einige Formate (z. B. die Miniserie) stärker betroffen als andere (z. B. Sitcom). Es geht Caldwell hierbei nicht um die Integration eines spezifischen neuen Stils, sondern um "einen Prozess der Stilisierung"[128], eine neue "*präsentierende Haltung.*"[129] Als zweites Prinzip der Televisualität nennt Caldwell die "*strukturelle Inversion.*"[130] Vor allem das Verhältnis von Form und Inhalt unterliegt einer grundlegenden und weitreichenden Veränderung. Der Stil, der lange der narrativen Motivation untergeordnet war, erfährt, so Caldwell, eine deutliche Aufwertung und bildet nun den Text der Sendung.[131] Drittens ist Televisualität ein "*industrielles Produkt.*"[132] Die sich verändernden Produktionsweisen evozieren neue visuelle Stile und narrative Gestaltungsmöglichkeiten.[133] Des Weiteren ist Televisualität ein "*Phänomen der Programmgestaltung.*"[134] Die Intensität und Häufigkeit, mit denen bestimmte Sender ab Mitte der 1980er versuchten, Sendungen als Marke oder Kontrastprogramm zu etablieren, ist deutlich gestiegen. Ähnlich verhielt es sich mit der Anpreisung spezieller Ereignisse. Die Programmgestaltung um ein besonderes

[125] Caldwell, John Thornton 2002, S. 165.
[126] Vgl. ebd., S. 167.
[127] Ebd., S. 167. (Hervorh. i. O.)
[128] Ebd., S. 168.
[129] Ebd., S. 168. (Hervorh. i. O.)
[130] Ebd., S. 168. (Hervorh. i. O.)
[131] Vgl. ebd., S. 168.
[132] Ebd., S. 168. (Hervorh. i. O.)
[133] Vgl. Piepiorka, Christine 2012, S. 50.
[134] Caldwell, John Thornton 2002, S. 169. (Hervorh. i. O.)

Ereignis herum war nichts Neues, doch wurde diese Art der Präsentation in den späten 1980er Jahren derart inflationär gebraucht, dass der Begriff "besonders" beinahe bedeutungslos wurde.[135] Hinzu kommt, dass Sendungen nicht länger für eine anonyme Masse konzeptioniert, sondern für spezifische Zielgruppen gestaltet werden. Demzufolge beschreibt Caldwell die Televisualität auch als eine "*Funktion der Zuschauer,*"[136] die als Fernsehpublikum durch die Programmmacher neu definiert wurden. Abschließend definiert Caldwell Televisualität als ein Produkt der "*ökonomischen Krise.*"[137] "Der stilistische Exzess kann als ein Versuch des Mainstreamfernsehens angesehen werden, mit der wachsenden Bedrohung und dem endgültigen Erfolg des Kabelfernsehens fertig zu werden."[138]

Geprägt ist die Televisualität vor allem durch ihren Bezug zu zwei produktionsbezogenen, stilistischen Welten: der filmischen und der videografischen.[139] Filmisch meint in diesem Zusammenhang nicht nur auf Filmmaterial zu drehen, vielmehr geht es um die Kreation eines filmischen *looks*, der sich für Caldwell hauptsächlich auf aufwendige Produktion, den Spielfilmstil und das Spektakel bezieht.[140] Demgegenüber steht die videografische Programmgestaltung, die ihren Ursprung in der elektronischen Manipulation besitzt. So ist die videografische Televisualität der 1980er Jahre vor allem durch die auffällige Verwendung von Effekten gekennzeichnet.[141]

Hinzu kommt, dass in den 1980er Jahren, so Caldwell, das Fernsehen an Anonymität verlor. Neben Schauspielern und Serien standen jetzt auch zunehmend die Produzenten und Regisseure im Mittelpunkt der populären Diskurse über das Fernsehen. Ähnlich dem US-amerikanischen Film der 1960er Jahre galt die Autorschaft auch im Fernsehen immer häufiger als wichtiger Indikator für Ästhetik und Qualität. Sie fungierte als eine Art persönliche Signatur für den jeweiligen Sender.[142] Neben den fernsehinternen Autoren fanden in den 1980er Jahren zudem Filmregisseure aus Hollywood ihren Weg zum Fernsehen. Steven Spielberg, Spike Lee, Francis Ford Coppola und David Lynch sind nur einige Beispiele. Stehen die senderinternen Produzenten und Autoren für eine individuelle Signatur, so Caldwell, "[...] dann sind die Autorim-

---

[135] Vgl. ebd., S. 169f.
[136] Ebd., S. 171. (Hervorh. i. O.)
[137] Ebd., S. 172. (Hervorh. i. O.)
[138] Ebd., S. 172.
[139] Vgl. ebd., S. 173.
[140] Als Beispiele nennt Caldwell Serien wie *Moonlighting*, *Beauty and the Beast*, *Miami Vice* und *Crime Story*. (Vgl. ebd. S. 174).
[141] Vgl. Caldwell, John Thornton 2002, S. 174.
[142] Ebd., S. 177.

porte ästhetische Medaillen und Trophäen, die Distinktion schlechthin verleihen."[143] Auch in der jüngeren US-amerikanischen Seriengeschichte gibt es weitere Beispiele. Erinnert sei an dieser Stelle an das Finale der fünften Staffel der Serie *CSI: Crime Scene Investigation*, das aus einer Doppelfolge mit dem Titel "Grave Danger" bestand und von Quentin Tarantino inszeniert wurde. Für Caldwell wird mit den großen Filmregisseuren gleichzeitig auch eine "visionäre Aura des Künstlerischen"[144] eingekauft.[145]

Hervorzuheben wäre des Weiteren, dass für Caldwell einige Fernsehformate deutlich stärker von einem stilistischen Exhibitionismus betroffen sind als andere. Während die auf Video gedrehten *Sitcoms*, die *Daytime Talk Shows* und die *Soap Operas* nur in Ausnahmefällen auf stilistischen Exhibitionismus zurückgreifen, scheinen andere Fernsehformate weit häufiger und auffälliger damit zu experimentieren. Nach Caldwell betrifft dies hauptsächlich die *Miniseries*, die *Primetime Soaps* und die einstündigen *Dramatic Series.*[146]

Es ist die Frage nach dem formalen Potential des Fernsehbildes, die während der 1980er Jahre vor allem für die Fernsehproduktion im Mittelpunkt steht und sich eben besonders deutlich an der filmischen oder der videografischen Gestaltung der unterschiedlichen Formate zeigt.[147] Die Entwicklung des filmischen *looks* hat für Caldwell vor allem auch eine technische Komponente. So war es die Verwendung neuer Filmmaterialien und Überspielungstechnologien, die den Filmstil als eines der einflussreichsten televisuellen Ideale verstärkte.[148] Ebenso ändert sich die Überzeugung, dass das Fernsehbild an sich nicht fähig sei, wichtige narrative Details zu kommunizieren. "Shows like *Beauty and the Beast* not only minimize talkiness, they also let an expressive visual style dominate the viewing experience."[149] Dabei ist der Stil nicht länger der *story* untergeordnet.[150] Während einige Sendungen durch die bewusste Betonung ihrer Bildgestaltung versuchen, einen eigenen *look* zu kreieren, gibt es ein weiteres televisuelles Gestaltungsmittel, das Caldwell sehr passend als 'Maskerade' bezeichnet. Gemeint ist damit, dass verschiedenste Sendungen gezielt filmische Stile

---

[143] Ebd., S. 178.
[144] Ebd., S. 178.
[145] Vgl. ebd., S. 178.
[146] Caldwell, John Thornton 1995, S. 18.
[147] Vgl. ebd., S. 83.
[148] Vgl. Caldwell, John Thornton 2002, S. 196.
[149] Caldwell, John Thornton 1995, S. 90.
[150] Vgl. ebd., S. 89f.

integrierten oder parodierten. "Filmgeschichte selbst wurde zum Spielfeld vieler aktueller Stilisten des Fernsehens."[151]

Die Serie *Moonlighting* z.B. verwendete unterschiedlichste Filmstile, integrierte Film-Noir-, Stummfilm- und Musical-Elemente. Die Episode "Here's living with you, Kid"[152] basierte dabei auf gleich zwei Filmklassikern: *The Sheik* und *Casablanca*. Neben dem Erfolg der Episode ist vor allem das Bewusstsein für filmische Kodes und deren Zurschaustellung bemerkenswert. Stilistische Referenzen umfassten dabei nicht alleine Fernseh- oder Filmgeschichte, auch Produktionspraktiken wurden miteinbezogen. Auch in zeitgenössischen Serien finden sich Episoden wie die oben beschriebene, die Folge "Bombshells"[153] der Serie *House M.D.* bedient sich gleich mehrerer Fernseh- und Filmgenres. Verschiedene Traumsequenzen imitieren den visuellen Stil von Zombiefilmen, 1950er-Jahre-Sitcom und Musicals.

Abb. 1: Screenshot aus der Episode "Bombshells" der Serie *House, M.D.* Beispiel für die Traumsequenz im Stil der 50er-Jahre-Sitcom.
Abb. 2: Screenshot aus derselben Episode. Beispiel für die Traumsequenz im Stil einer Musicaleinlage.

Caldwell schlussfolgert, dass die Bildbehandlungen in Sendungen und Episoden wie diesen auf der einen Seite "[...] ein deutliches Bewusstsein für das Konzept der visuellen Simulation"[154] zeigen und auf der anderen Seite verdeutlichen, dass das Publikum der späten 1980er Jahre "[...] das reflektierte Zurschaustellen der filmischen und televisuellen Form schätzen und dekodieren"[155] kann. Viele Sendungen versuchten nicht nur ihre Mise-en-scène expressiver zu gestalten, sondern komplexe ästhetische Systeme zu arrangieren und auszustellen. In der Ausstellung dieser komplexen ästhetischen Systeme zeigen sich kulturelle und bildtheoretische Traditionen und aus die-

---

[151] Caldwell, John Thornton 2002, S. 197.
[152] Staffel 4, Episode 13, US-amerikanische Erstausstrahlung 15.03.1988.
[153] Staffel 7, Episode 15, US-amerikanische Erstausstrahlung 07.03.2011.
[154] Caldwell, John Thornton 2002, S. 198.
[155] Ebd. S. 199.

sem Grund plädiert Caldwell für einen Wechsel von einem kompositorischen zu einem piktorialen Diskurs. Vor allem "[...] durch die Manipulation piktorialer Zeichensysteme, ob nun der Filmgeschichte oder der Popkultur, prahlt das Fernsehen gegenüber dem Zuschauer damit, ein Meister in der Darstellung der Visualität und der stilistischen Maskerade zu sein."[156]

Wie bereits durch das Beispiel "Bombshells" der Serie *House M.D.* gezeigt wurde, findet sich diese Form der visuellen Darstellung auch in zeitgenössischen US-amerikanischen Serien. Man könnte sogar einen Schritt weitergehen und die Behauptung aufstellen, dass diese Form der Maskerade zu einem gängigen stilistischen Gestaltungsmittel des seriellen Erzählens im Fernsehen geworden ist. Caldwells Ausführungen zur Televisualität bieten im Kontext dieser Untersuchung zumindest auf einer ersten Ebene die Möglichkeit, den stilistischen Wechsel innerhalb verschiedener US-amerikanischer Serien zu erklären, sind es doch jetzt häufig die ästhetischen und stilistischen Elemente, die sich von Sendung zu Sendung verändern, während die Situationen zur eigentlichen Konstante werden.[157] Fraglich bleibt jedoch Caldwells These, dass durch die Integration filmischer Formen und Stile das Fernsehen sich nur "als Meister" der Darstellung von Visualitäten präsentiert, oder ob nicht darüber hinausgehende Effekte und Bedeutungen erzielt werden. Daher stellt sich die Frage, ob nicht gerade *special episodes*, die auf das Musical rekurrieren, welches sich durch ein für Film ungewöhnliches Verhältnis von Form und Inhalt ebenso wie eine besondere inhärente Narrationslogik auszeichnet, prinzipiell das Potential besitzen über das bloße Prahlen hinaus filmische Formen in den jeweiligen seriellen Kontext zu integrieren und zu reflektieren.

[156] Ebd. S. 200.
[157] Vgl. ebd., S. 200.

3 Das amerikanische Filmmusical

Das Hollywood-Musical ist eines der beliebtesten und ältesten Filmgenres[158], darin zumindest scheint Einigkeit im breiten wissenschaftlichen Diskurs zu herrschen. So schreiben Bill Marshall und Robynn Stilwell in ihrer Einleitung zu *Musicals: Hollywood and Beyond*: "The musical is one of the most popular film genres among both audiences and film scholars, probably for many of the same reasons – the spectacle, the music, the enjoyable predictability of the outcome weighed against the pleasure of the varied details."[159] Jane Feuer schließt sich dem an, wenn sie in ihrem Buch *The Hollywood Musical* schreibt: "The musical is Hollywood writ large"[160] und verweist darüber hinaus auf die ebenfalls von Liz-Anne Bawden attestierte enge Verbindung des Filmmusicals mit Hollywoods Filmindustrie: "The history of the screen musical is essentially that of the American musical: the outstanding examples of the genre have been made in Hollywood and only the American industry has consistently produced musicals throughout the sound era."[161] Ein Großteil der wissenschaftlichen Literatur zum Hollywood-Musical basiert auf der Untersuchung des Musicals als Genre. Dabei kommt es je nach Wahl des Zugangs zu unterschiedlichsten Definitionen und Korpora, was nicht zuletzt dazu führt, dass nur der Tanz und die musikalischen Einlagen als beständige Elemente klassifiziert werden können: "The musical has always been a mongrel genre. In varying measures and combinations, music, song and

[158] Ohne ausführlich auf die mit dem Genre-Begriff verbundene Problematik eingehen zu können, soll hier im Folgenden kursorisch auf die seit den 1960er Jahren enge Verbindung der Bestimmung des Begriffs mit dem Hollywood-Kino eingegangen werden. Zentral für das Verständnis des Begriffs des Genres sind nach Steve Neale die Konzepte der Erwartung und Plausibilität. Ein Genre, hier Filmgenre, besteht nicht nur aus bestimmten Filmen, sondern auch aus bestimmten Erwartungen und Annahmen, die der Rezipient mitbringt und die ihm bei der Einordnung und dem Verständnis des jeweiligen Films behilflich sind. Dementsprechend vollzieht sich die Kategorisierung von Filmen in Genres sowohl durch die Produktion als auch durch die Rezeption. Die konstituierenden Merkmale eines Genres sind zudem sowohl filminterne Kriterien (sich wiederholende oder standardisierte ikonografische und narrative Merkmale) als auch filmexterne Kriterien (beispielsweise Produktionsbedingungen).
Für Steve Neale sind Genres zudem auch keine statischen Kategorien, sondern sind als Prozesse zu verstehen, die sowohl durch Wiederholung als auch durch Variation und historischen Wandel gekennzeichnet sind. (Vgl. Neale, Steve 1990, S. 56) "[T]he relationship between the individual text and the series of texts formative of a genre presents itself as a process of the continual founding and altering of horizons." (Neale, Steve 1990, S. 57). Zusammenfassend lassen sich Filmgenres, nochmals mit Steave Neale, definieren als "systems of orientations, expectations and conventions that circulate between industry, text and subject." (Neale, Steve 1980, S. 19.)

[159] Marshall, Bill/Stilwell, Robynn 2000, S. 1.

[160] Feuer, Jane 1993, S. ix.

[161] Bawden, Liz-Anne 1976, S. 489.

dance have been its only essential ingredients."[162] Dementsprechend ist es auch wenig verwunderlich, dass die Geschichte des Hollywood-Musicals von unterschiedlichen Formen, Stilen und Begriffen geprägt ist, wie "'operetta', 'revue', 'musical comedy', 'musical drama', 'the backstage musical', 'the rock musical', 'the integrated musical'."[163]

Inhaltlich werden im Folgenden vor allem Rick Altmans Auseinandersetzungen mit dem Hollywood-Musical einfließen, die mittlerweile allesamt, und das durchaus nicht zu Unrecht, als Standardwerke[164] zu dieser Thematik gelten. Zwar ist anzumerken, dass Altman in seiner Musicaldefinition durch seine übergeordnete, syntaktisch/semantisch geprägte genretheoretische Perspektive recht restriktiv[165] bleibt. Dennoch wird sein Ansatz hier zentral sein, da es Altman gelingt, die filmübergreifenden narrativen Stil- und Strukturelemente des Musicals besonders deutlich und tiefgehend herauszuarbeiten. Mit einer daran anschließenden notwendigen Aktualisierung und Erweiterung der Perspektive auf die vielgestaltigen Erscheinungsformen des zeitgenössischen Musicals hin, können seine Betrachtungen für die spezifische, serien-zentrierte Themenstellung dieser Studie fruchtbar gemacht werden.

3.1 Altmans Definition

Altman definiert das Hollywood-Musical anhand jeweils fünf semantischer und syntaktischer Eigenschaften.[166] Dabei ist das Hollywood-Musical für ihn zuallererst ein narratives Genre: "Only within a narrative framework does the musical number become the timeless interlude, the brake, indeed the brake that eventually sets up a signifying relationship between narrative flow and musical stasis."[167] Altman schließt explizit dokumentarische Formate nicht aus, solange diese einer narrativen Logik folgen. Als zweites, vor allem im Kontext dieser Untersuchung streitbares, konstitutives Kriterium nennt Altman die Filmlänge. Die Filmlänge soll als Garant für eine Mindestanzahl an musikalischen Einlagen dienen und genügend Zeit für die Entwick-

[162] Neale, Steve 2000, S. 97.
[163] Ebd., S. 97.
[164] Vgl. Marshall, Bill/Stilwell, Robynn 2000, S. 1. Oder Vgl. Neale, Steve 2000, S. 104.
[165] Was unter anderem dazu führt, dass Altman beispielsweise *The Wizard of Oz* nicht als Musical klassifiziert.
[166] Die fünf semantischen Eigenschaften (*Format, Length, Characters, Acting* und *Sound*) sind die Elemente, die das Genre als Ganzes ausmachen, während die fünf syntaktischen (*Narrative Strategy, Couple/Plot, Music/Plot, Narrative/Number* und *Image/Sound*) die Struktur betreffen, nach der die Elemente angeordnet sind. Vgl. Altman, Rick 1987, S. 95.
[167] Altman, Rick 1987, S. 102.

lung der für das Hollywood-Musical charakteristischen Beziehungen gewährleisten. Als ideale Länge legt sich Altman dabei auf die von der Filmindustrie als *feature length* beschriebene Filmdauer fest.[168] Daran anschließend folgt der für Altman sehr zentrale Punkt der Charaktere, der zu den streitbarsten seiner Definition gehört. Altman bringt ihn wie folgt auf den Punkt: "No couple, no musical."[169] Die Paarkonstellation aus Mann und Frau ist zentral für die von Altman entwickelte *dual-focus narrative*, die im Anschluss an diese Definition näher untersucht wird. Umstritten ist dieser Punkt vor allem durch seine erneut restriktive Natur, wie Altman selbst feststellt. Zugunsten eines in sich stimmigen Korpus schließt er dann auch nicht zuletzt *The Wizard of Oz* aus seiner Definition aus. Problematisch ist diese Engführung von *dual-focus* Struktur und dem romantischen Liebespaar mit dem Hollywood-Musical laut Steve Neale aus zweierlei Gründen: Zum Ersten können beide Elemente auch im Zusammenhang der romantischen Komödie als zentrale Kategorien ausgewiesen werden, und zum Zweiten sind sie in bestimmten Musicalfilmen nur teilweise oder gar nicht vorhanden.[170] In diesem Zusammenhang wird im letzten Teil des Kapitels zum Hollywood-Musical eine Erweiterung der Perspektive, u.a. anhand Lars von Triers *Dancer in the Dark* (2000), vorgenommen. Für Altman zeichnet sich das Hollywood-Musical des Weiteren durch eine Verbindung von Rhythmik und Realismus aus. "[T]he musical mixes rhythm (activity dictated by music) with realism (activity not dictated by music)."[171] Genau an diesem Übergang von Realität und Rhythmus beginne die Welt des Musicals.[172] Diese Verbindung ist ebenfalls konstitutiv für den Soundtrack des Hollywood-Musicals. Er zeichnet sich, so Altman, durch die Vereinigung von Geräuschen und Tönen aus, die in ihrer Gesamtheit als Musik wahrgenommen werden, und von Tönen und Geräuschen, die frei von Musik bleiben.[173]

In Bezug auf die narrative Struktur für die, wie bereits erwähnt, das Paar eine zentrale Rolle einnimmt, beschreibt Altman das duale Prinzip als maßgeblichen Motor der Entwicklung der Geschichte. Erst durch den Wechsel, die Konfrontation und einen auf die beiden Hauptcharaktere konzentrierten Parallelismus entwickelt sich die Geschichte des jeweiligen Films, wobei sich die Differenz der beiden Hauptcharaktere nicht nur auf die geschlechtliche Unterscheidung gründet, sondern auch auf die Zu-

---

[168] Vgl. ebd., S. 103.
[169] Ebd., S. 103.
[170] Neale, Steve 2000, S. 104.
[171] Altman, Rick 1987, S. 106.
[172] Vgl. ebd., S. 106.
[173] Vgl. ebd., S. 106.

schreibung jeweils unterschiedlicher sozialer oder kultureller Werte.[174] Diese Differenzen werden schlussendlich in der Bildung des Paares überwunden. Das Zusammenfinden von Mann und Frau steht so in direktem Zusammenhang mit dem Sieg über die die Handlung konstruierenden Unterschiede. Obwohl auch Jane Feuer und Richard Dyer Altman darin zustimmen, dass das Musical stets die Gegensätze, mit denen es sich auseinandersetzt, überwindet, unterschätzen diese engen Definitionen Steve Neale zufolge das Ausmaß an Musicalfilmen, die ihre Auflösung der Gegensätze als unwirklich markieren (Bsp. *Brigadoon* 1954), oder Musicalfilme, welche die Kosten der Überwindung dieser Gegensätze offenlegen (Bsp. *West Side Story* 1961).[175]

Ebenfalls zentral für das Musical nach Altman ist das Verhältnis von Musik und Handlung. "[T]he musical's music [...] enters into a process of signification whereby it comes to stand for personal and communal joy. [...] It is thus not just the presence of music that counts, but music's tendency to enter into structured relationships."[176] Dementsprechend ist die Musik als Bedeutungsproduzent für das Musical als konstitutiv auszuweisen. Die musikalischen Einlagen sind dabei nicht als bloße Unterbrechungen zwischen Rhythmus und Realität zu verstehen, viel mehr vereinigen sie diese beiden Extreme.[177] Als abschließendes Kriterium definiert Altman die Umkehr der Bild/Ton-Hierarchie:

> [T]he hierarchy of image over sound is reversed at the climatic moments of the musical. In fact, this reversal is commonly the agent which permits the establishment of continuity between sequences stressing realistic movement and sound to a rhythmic source.[178]

Im Folgenden sollen die für Altman zentralen Struktur- und Stilelemente des Hollywood-Musicals näher betrachtet werden.

3.2 *Dual-Focus Narrative* als Strukturprinzip

Das zentrale Merkmal der von Altman als Musical klassifizierten Filme ist eine besondere Form der Narration, die er als *dual-focus narrative* beschreibt. Das Konzept des *dual-focus narrative* ist dabei nicht alleine das grundlegende Ordnungsprinzip des Hollywood-Musicals, sondern kann gleichzeitig auch als eine die Analyse von Musicalfilmen bestimmende Kategorie gefasst werden. Im Vergleich zu Filmen, die

---

[174] Vgl. ebd., S. 107.
[175] Vgl. Neale, Steve 2000, S. 104.
[176] Altman, Rick 1987, S. 109.
[177] Vgl. ebd., S. 109.
[178] Ebd., S. 109.

den Organisationsprinzipien der klassischen Narration[179] folgen, spielen kausale Zusammenhänge, psychologische Motivation und die oppositionelle Aufteilung in Narration und musikalische Nummer im Hollywood-Musical eine nur untergeordnete Rolle. Vielmehr werden diese Prinzipien der Narration durch einen nicht nur auf die stilistische Analyse begrenzbaren Parallelismus verdrängt.[180]

> In order to understand the musical [...] we must treat the conceptual relationships as fundamental, assuming that the rather tenuous cause-and-effect connections are in this case secondary, present only to highlight the more important parallelism which they introduce.[181]

An die Stelle einer auf Kausalität begründeten Narration tritt ein Nebeneinander der weiblichen und männlichen Hauptrolle. In Altmans Worten: "[W]e alternate between the male focus and the female focus, working our way through a prepackaged love story whose dynamic principle remains the difference between male and female."[182] Im Gegensatz zu der für die klassische Narration wichtigen Annahme, dass sich die Struktur eines Films aus dem Plot ergibt, gründet sich die *dual-focus*-Struktur amerikanischer Musicals folglich auf die Hauptcharaktere und deren Beziehung, was besonders in den musikalischen Einlagen deutlich wird. Im Speziellen sei hier auf die für Altman sehr zentrale Rolle des Duetts verwiesen, das in der Lage ist, in nur einer Szene die dem Film zugrunde liegende duale Struktur zusammenzufassen.[183] Des-Weiteren lässt die Struktur des *dual-focus narrative* die chronologische Entwicklung der Geschichte in den Hintergrund treten, da der Ausgang der im Zentrum stehenden Liebesbeziehung meist nicht nur sehr konventionell verläuft, sondern auch sehr vorhersehbar ist und damit den Blick für eine vergleichende und auf Gleichzeitigkeit beruhende Inszenierung öffnet.[184] Dieser von Altman konstatierte Parallelismus ist für das Verständnis einzelner Szenen von Bedeutung, da sich in jedem Film deren Bedeutung erst im Zusammenspiel mit anderen Szenen ergibt.

---

179 Zur ausführlicheren Auseinandersetzung mit der klassischen Narration siehe Bordwell, David/Staiger, Janet/Thompson, Kristin. *The Classical Hollywood Cinema. Film Style and Mode of Production to 1960.* London 1988. Oder Bordwell, David. *Narration in the Fiction Film.* Wisconsin 1985: "A film's story does not simply shine forth; as viewers, we construct it on the basis of the plot, the material actually before us. The classical guidelines for this construction are those principles of causality and motivation [...]. A film's plot usually makes those guidelines applicable by transmitting story information. This aspect of plot I shall call narration." S. 24.

180 Vgl. Altman, Rick 1987, S. 17.

181 Ebd., S. 19.

182 Ebd., S. 20.

183 Vgl. ebd., S. 37.

184 Vgl. ebd., S. 19.

> In any film a given scene, in order to be properly understood, must be set in its proper context. Traditional narrative analysis usually stresses other scenes involving the same character, but *in the musical the basic context is constituted by a parallel scene involving the other lover.*[185]

Bei genauer Beobachtung lässt sich in jedem Musical auf einer zweiten Ebene eine weitere, die primär sexuelle Gegenseitigkeit unterstützende, oppositionelle Zuschreibung finden. Jedes der beiden Geschlechter ist zusätzlich mit einem sich gegenüberstehenden Attribut verbunden.[186] Ein zentrales, häufig verwendetes Thema dieser Dichotomien ist die Unterscheidung von Arbeit und Unterhaltung, die für das Hollywood-Musical als Genre von Bedeutung ist. "Self-conscious of its status as 'only' entertainment in a world where work alone merits full value, the American film musical has adopted society's work/entertainment dichotomy as its own thematic center."[187] Diese Unterscheidung lässt sich mit Jane Feuer auch als Gegenüberstellung von Realität und Traum bzw. Imagination fassen.[188] Dabei werden diese Dichotomien ebenfalls durch das schlussendliche Zueinanderfinden der beiden Hauptcharaktere (oft in Form einer Heirat) überwunden. Genau in diesem Zusammenführen der Gegensätze sieht Altman dann auch die Funktion des Hollywood-Musicals und verweist auf seine soziokulturelle Dimension.

> Only when we identify the film's constitutive dualities can we discover the film's function. Seen as a cultural problem-solving device, the musical takes on a new and fascinating identity. [...] By reconciling terms previously seen as mutually exclusive, the musical succeeds in reducing an unsatisfactory paradox to a more workable configuration, a concordance of opposites. Traditionally, this is the function which society assigns to myth.[189]

Entscheidend für das *dual-focus narrative* als für amerikanische Musicalfilme konstitutive Struktur ist seine Wiederholung. Altmann hält fest, dass jedes einzelne Ele-

---

185 Ebd., S. 22. (Hervorhebung i. O.)

186 Die von Altman aufgestellte Typologie des Hollywood-Musicals in *fairy tale musical*, *show musical* und *folk musical* gründet sich auf die Unterscheidung der sekundären Dichotomien, welche die Bildung des Paares überlagern. Im *fairy tale musical* entspricht die Bildung des Paares der Wiederherstellung der Ordnung eines imaginären Königreichs. Im *show musical* steht die Formierung des Paares im Zusammenhang mit der Entstehung von Kunst und im *folk musical* verkörpert das Zusammenfinden des Paares das Zusammenfinden einer Gruppe mit sich selbst und dem Land, das sie umgibt (Vgl. ebd., S. 126). Alle drei Subgenres stehen dabei in engem Zusammenhang mit einer bestimmten Eigenschaft des Musicals als Genre. Das *fairy tale musical* betont die Transzendenz der Realität, das *show musical* stellt den Ausdruck von Freude durch Musik und Tanz in den Mittelpunkt, während das *folk musical* die Gemeinschaft und das glückliche Zusammensein verkörpert.

187 Altman, Rick 1987, S. 49.

188 Vgl. Feuer, Jane 1993, S. 71.

189 Altman, Rick 1987, S. 27.

ment des Films die das Musical bestimmende Dualität rekapituliert. Er weist damit die Wiederholung als zentrale Methode der Bedeutungsgenerierung im Hollywood-Musical aus, sowohl innerhalb des einzelnen Films als auch in Bezug auf das Genre als Ganzes.[190] "By transferring the male-female duality to every aspect of the film experience, the musical sets up a redundant pattern that eventually serves as a model for the film's thematic opposition."[191] Diese dem Film zugrunde liegende Dualität zeigt sich in allen Bereichen, wobei Altman fünf zentrale Kategorien entwirft, in denen sie sichtbar wird: "setting, shot selection, music, dance and personal style."[192]

3.3 Zwischen den Welten – Zwischen Realität und Imagination

Neben dem *dual-focus narrative* zeichnet sich das Hollywood-Musical durch eine spezielle Verbindung von Realität und Imagination aus. Altman konstatiert für das Hollywood-Musical als Genre eine generelle Tendenz zur Vermischung von beidem. Auch Jane Feuer schließt sich dem an: "The ultimate synthesis of the musical consists in unifying what initially was imaginary with what was initially real."[193] Die Spezifik des Hollywood-Musicals liegt dabei nicht alleine in der Etablierung paralleler Welten als vielmehr in deren Verbindung, und zwar derart, dass nicht mehr genau unterschieden werden kann, wo der Traum/Imagination aufhört und die Realität beginnt, oder umgekehrt.[194] Häufig vorschnell wird dem Hollywood-Musical dabei gerne eine Tendenz zum Eskapismus unterstellt.[195] Die als genrespezifisch beschriebene Tendenz zum Imaginären gestaltet sich allerdings komplexer. Einerseits zeigen sich die Spezifik und die Faszination des Hollywood-Musicals in den verschiedenen Entwürfen von Utopien oder utopischen Momenten, in denen materielle oder praktische Dringlichkeiten hinter die Imagination, die wahren Gefühle, hinter Spontanität und Freiheit zurücktreten. Andererseits sind diese entworfenen Utopien immer auch in den bestehenden sozialen und politischen Begebenheiten verhaftet.[196] So konstatiert auch Richard Dyer in seinem vielzitierten Aufsatz "Entertainment und Utopia" die Konstruktion von Utopien als für das Hollywood-Musical zentral, führt aber weiter aus: "[A]lthough the musical is dedicated to the construction of utopias, their realiza-

---

190 Vgl. ebd., S. 32.
191 Ebd., S. 32.
192 Ebd., S. 33.
193 Feuer, Jane 1993, S. 77.
194 Vgl. ebd., S. 78f.
195 Vgl. Dunne, Michael 2004, S. 2.
196 Vgl. Marshall, Bill/Stilwell, Robyn 2000, S. 2.

tion is, at best, precarious. [...] It presents, head on as it were, what utopia would feel like rather than how it would be organized."[197]

Um das spezifische Verhältnis von Realität und Imagination im Hollywood-Musical zu beschreiben, kann auch Gilles Deleuzes Auseinandersetzung mit dem Traumbild herangezogen werden, wobei sich Traumbilder anhand zweier Pole der technischen Herstellung unterscheiden.[198] Dabei zeichnet sich das erste Verfahren durch die Verwendung unterschiedlichster Methoden, wie "Überblendung, Doppelbelichtungen, Abblendungen, verschiedenartige Kamerabewegungen, Spezialeffekte oder Labormanipulationen"[199], aus, während das zweite Verfahren eher subtiler vorgeht und mit Hilfe direkter Schnitte oder Schnitt-Montagen "eine fortlaufende Loslösung vornimmt, die den Betrachter zwischen konkret bleibenden Gegenständen träumen 'läßt'."[200] Trotz dieser Unterscheidung folgen beide Formen des Traumbildes dem gleichen Prinzip: "[E]in großer Kreislauf, in dem jedes Bild das vorhergehende aktualisiert und sich selbst in dem nachfolgenden aktualisiert, um möglicherweise zu derjenigen Situation zurückzukehren aus der es entstanden ist."[201] Für Deleuze ist das Traumbild dementsprechend nicht in der Lage, zwischen Realem und Imaginären zu unterscheiden, ist es doch "an die Bedingung geknüpft, den Traum einem Träumer und das Bewußtsein vom Traum (das Reale) dem Zuschauer zuzuordnen."[202] Daran anschließend stellt Deleuze die Frage nach der Möglichkeit der Überwindung dieser Spaltung und sieht diese im "impliziten Traum"[203] verwirklicht. Im impliziten Traum bleibt das optische und akustische Bild zwar ähnlich dem expliziten Traum "von seiner motorischen Fortsetzung getrennt,"[204] es kompensiert diesen Verlust allerdings nicht mehr durch eine direkte Verbindung mit den expliziten Traumbildern, sondern setzt sich durch eine "*Bewegung der Welt*"[205] fort.[206] Es reagieren nicht länger "die Figuren [...] auf die optisch-akustischen Situationen, sondern die Bewegung der Welt tritt an die Stelle der zurücktretenden Bewegung der Figur."[207] Diese Bewegung der Welt ist dementsprechend durch eine Loslösung von der Bewegung der Charaktere

---

[197] Dyer, Richard 1981, S. 177.
[198] Deleuze, Gilles 1991, S. 82.
[199] Ebd., S. 82.
[200] Ebd., S. 82.
[201] Ebd., S. 82f.
[202] Ebd., S. 83.
[203] Vgl. ebd., S. 83.
[204] Ebd., S. 83.
[205] Ebd., S. 83. (Hervorhebung i. O.)
[206] Vgl. ebd., S. 83.
[207] Ebd., S. 83.

und einem Ersetzen der unterbrochenen Bewegung gekennzeichnet. Wieso ist dies nun im Kontext des Musicals von Bedeutung? Gilles Deleuze beschreibt gerade das Musical als "die depersonalisierte und pronominalisierte Welt par excellence."[208] Eine besondere Bedeutung schreibt Deleuze in diesem Zusammenhang dem Tanz zu, der an der Entstehung der Traumwelt maßgeblich beteiligt ist, indem er sich von einer Bewegung als subjektiver Bewegung des Tänzers befreit und zu einer Bewegung der Welt wird, die er selbst entwirft. Als veranschaulichendes Beispiel kann Gene Kellys berühmter Regenspaziergang aus *Singin' in the Rain* herangezogen werden.[209] Das Filmmusical geht aber noch einen Schritt weiter:

> [Es begnügt sich] nicht damit, uns in den Tanz einzubeziehen oder, was auf dasselbe herauskommt, uns zum Träumen zu verleiten. Der kinematographische Akt besteht darin, daß der Tänzer selbst in den Tanz eintritt, so wie der Träumer in den Traum. Wenn nun das Musical in der Darstellung so vieler Szenen besteht, die ausdrücklich als Träume oder als metamorphotische Pseudo-Träume in Erscheinung treten [...], dann deswegen, weil es insgesamt ein gigantischer – aber impliziter – Traum ist und selbst den Übergang von einer angenommenen Wirklichkeit zum Traum impliziert.[210]

Mit dem Tanz, als depersonalisierte Bewegung, schafft das Musical einen bruchlosen Übergang zwischen unterschiedlichen Ebenen der erzählerischen Darstellung, zwischen Realität und Schauspiel, zwischen Realität und Imagination, einen Übergang von einer Welt zur anderen. Hieran anschließend lässt sich wieder die Brücke zu Altman schlagen, der den spezifischen Stil des Hollywood-Musicals gerade in diesen Übergängen verortet:

> Seductive unreality runs side by side with unseductive reality until such time as the stylistic conflict [...] can be resolved by a merging of the two strains. [...][T]he musical's stylistic patterns mediate the dichotomy between image and audience, between imaginary and real.[211]

Die Realität wird der Imagination gegenüber gestellt (oder vice versa). Dabei wird im Verlauf des Hollywood-Musicals diese strikte Differenzierung vermindert und an einigen Stellen sogar aufgelöst. Die Überblendung (*dissolve*) ist für Altman dabei die perfekte stilistische Entsprechung dieses Prozesses:[212] "[F]or by its very nature the dissolve preserves the *conceptual separation* between two categories (shots, sound tracks, levels of reality) while at the very same time establishing *perceptual continui-*

---

[208] Ebd., S. 85.
[209] Vgl. ebd., S. 85.
[210] Ebd., S. 86f.
[211] Altman, Rick 1987, S. 60.
[212] Ebd., S. 80.

ty between them."[213] Daran anschließend kategorisiert Altman drei stilistische Prinzipien, anhand derer sich das Verwischen bzw. das Auflösen der Grenzen von Realität und Imagination im Hollywood-Musical zeigt – *audio dissolve, video dissolve* und *personality dissolve*.

Generell gesprochen, lassen sich in Bezug auf den Tonfilm zwei verschiedene Tonspuren unterscheiden: Eine diegetische und eine musikalische. Der diegetischen Tonspur, als Träger wirklichkeitsgetreuer Töne und Geräusche, kann ein Bezug zur Realität unterstellt werden, während die musikalische Tonspur als instrumentale Begleitung des Bildes dessen Wirkung konterkariert oder unterstützt.[214] Diese zugegebenermaßen recht allgemeine Darstellung soll helfen, den für das Hollywood-Musical zentralen Umgang mit diesen beiden Tonspuren zu verdeutlichen. Während die beiden Tonspuren in Filmen, die nicht als Musicals kategorisiert werden, strikt voneinander getrennt sind, findet im Hollywood-Musical, vor allem in den musikalischen Einlagen, eine konstante Verschmelzung beider statt: "Music appears on the diegetic track, diegetic noises are transformed into music. This intermixing is at the very heart of the style characteristic of the American film musical."[215] Und eben genau diese Verschmelzung ist die spezifische Leistung der *audio dissolve*. Eine besondere Rolle innerhalb der *audio dissolve* hat dabei die diegetische Musik, die eine enge Verbindung zu beiden Tonspuren aufweist und gleichzeitig den Übergang von einer Tonspur zur anderen erst ermöglicht. Die diegetische Tonspur definiert sich dadurch, dass akustische Signale aus einer logischen Verknüpfung mit dem Bild entstehen, oder anders: "*action produces sound*"[216]. Die musikalische Tonspur dagegen ist frei von einer diegetischen Bindung an das Bild – hier wendet sich das Verhältnis: "*music produces action*"[217]. Die diegetische Musik schafft in diesem Spannungsverhältnis eine Verbindung beider Welten und macht einen Übergang überhaupt erst möglich. In Altmans Worten: "In between, diegetic music provides a bridge, for it obeys the laws of *natural causality* (moving the mouth produces sounds) and of *rhythmical causality* (music produces rhythmical movement)."[218] Daran anschließend definiert Altman auch den Übergang von der diegetischen Tonspur ohne Musik über die diegetische Musik hin zur nicht-diegetischen musikalischen Tonspur als die am meisten

[213] Ebd., S. 80f. (Hervorhebung i. O.)
[214] Vgl. ebd., S. 62f.
[215] Ebd., S. 63.
[216] Ebd., S. 65. (Hervorhebung i. O.)
[217] Ebd., S. 65. (Hervorhebung i. O.)
[218] Ebd., S. 65. (Hervorhebung i. O.)

verbreitete Form der *audio dissolve*.[219] Unter Berücksichtigung der Transformationsleistung der *audio dissolve* lässt sich dieser Übergang wie folgt zusammenfassen:

> [The] diegetic events, which seemed to be progressing according to an entirely causal scheme, slide imperceptibly, through an audio dissolve, toward the reduction of diegetic sound and the introduction of transcendent, supra-diegetic music. At this point, the events of the diegesis change motivation. Diegetic sound disappears; the only diegetic sounds which remain at normal volume are those which keep time to [...] the music. The image now shows movements which depend more on the music than on one another.[220]

Altman schlussfolgert daraus, dass sich in den musikalischen Einlagen eine Umkehr der Bild/Ton-Hierarchie zeigt. Das Bild wird der Musik untergeordnet, dabei aber auch gleichzeitig aus den kausalen Beschränkungen der Diegese befreit, und es eröffnet sich die Möglichkeit zur Reflektion der Musik im Bild selbst. Als einprägsamstes Beispiel, bis zu welchem Ausmaß die *audio dissolve* das Bild aus den diegetischen Zusammenhängen befreit, können die Musicalfilme von Busby Berkeley gesehen werden,[221] deren aus dem Tanz entstehende Traumwelten Gilles Deleuze wiederum wie folgt beschreibt:

> Bei Busby Berkeley verschmelzen die Girls in ihren vielfältigen Spiegelungen zu einem wundersamen Proletariat, dessen Körper, Beine und Gesichter Teile einer großen Transformationsmaschine sind: die 'Figuren' sind wie kaleidoskopische Ansichten, die sich auf der Erde oder im Wasser zusammenziehen oder ausdehnen, wobei sie meistens von oben aufgenommen werden, sich dabei um die Längsachse drehen und sich ineinander verwandeln, um schließlich in puren Abstraktionen aufzugehen.[222]

Bei der *video dissolve* zeigt sich laut Altman ein ähnliches operierendes Muster. Prinzipiell suggeriert die *video dissolve* einen Zusammenhang zweier Bilder durch Überblendung. Im Kontext der Beschreibung des speziellen Stils des Hollywood-Musicals erweitert Altman den Begriff der *video dissolve* auf visuelle Elemente, die zwei verschiedene, sich diametral gegenüberstehende Orte, Zeiten oder Realitätsebenen miteinander verbinden.[223] Besonders deutlich wird der Gebrauch der *video dissolve* in der Überlagerung von Zeitebenen. Altman dazu: "[T]he diegetic present – banal, limited, ruled by necessity – is opposed to, but fades into the distant past or future – exciting, limitless, controlled by a romanticizing memory or tendency toward dream."[224] In gewisser Weise ist dieser Gebrauch der *video dissolve* vergleichbar mit

---

[219] Vgl. ebd., S. 67.
[220] Ebd., S. 70.
[221] Vgl. ebd., S. 70f.
[222] Deleuze, Gilles 1991, S. 85.
[223] Vgl. Altman, Rick 1987, S. 74.
[224] Ebd., S. 74.

der für das klassische Hollywood-Kino typischen Verwendung der Überblendung zur Verdeutlichung des Vergehens der Zeit. Das Hollywood-Musical erweitert diese Überblendungen allerdings um eine thematische Dimension, indem den beiden ineinander übergehenden Bildern zusätzlich zwei grundlegend verschiedene Ebenen von Realität zugeschrieben werden können. Eine verbreitete Gebrauchsform der Überblendung ist dabei die Einführung einer idealisierten Erinnerung oder einer Traumwelt. Dabei suggeriert die *video dissolve* also mehr als einen zeitlichen Übergang. Altman fasst ihre Leistung so zusammen:

> [T]he video dissolve recaptures both the separation and the simultaneity essential to the musical film experience. Real and ideal, present and past remain distinct, but for one fleeting moment the spectator [...] is allowed to perceive them in a single complex image.[225]

Das anhaltende und wiederkehrende Verweisen auf eine Welt außerhalb der diegetischen Realität sieht Altman darauf aufbauend als Voraussetzung für die Einbindung des Imaginären. Im Hollywood-Musical ist die ideale Welt nur eine Überblendung entfernt.[226] Dabei werden Realität und Imagination nicht einfach bloß gegenübergestellt, vielmehr löst sich ihre Grenze durch die anhaltende und wiederkehrende Verwendung der *video dissolve* auf.

Die *personality dissolve* rückt erneut das der spezifischen Narration des Hollywood-Musicals zugrunde liegende Paar aus Mann und Frau in den Mittelpunkt. Die Hauptcharaktere sind durch eine doppelte Persönlichkeit gekennzeichnet: eine oberflächliche und eine unterdrückte. In Bezug auf das im Mittelpunkt stehende Paar lässt sich das Verhältnis der unterschiedlichen Persönlichkeiten als reziprok beschreiben: "[T]*he surface personality of each member of the couple corresponds to the repressed personality of the other*."[227] Wie bereits im Zusammenhang der *audio* und *video dissolve* verdeutlicht, wird durch die *personality dissolve* die Unterschiedlichkeit der beiden Hauptcharaktere gezeigt, während sie gleichzeitig durch die Etablierung einer Ebene zwischen den beiden Welten einen Raum schafft, indem beide zueinander finden können. Diese Ebene beschreibt Altman im Kontext der *personality dissolve* als *make-believe*-Motiv:[228]

> In all of these 'make believe' modes – dream, performance, and role-playing are the most common – an individual gains the right to 'play out' personal fantasies without submitting to the judgments normally associated with conscious behaviour. The character can say do

[225] Ebd., S. 74f.
[226] Ebd., S. 77.
[227] Ebd., S. 81. (Hervorhebung i. O.)
[228] Vgl. ebd., S. 82.

what he/she pleases and yet in the eyes of his/her psychic censor it is as if nothing had either been said or done. [...] By way of make-believe one dissolves into the other.[229]

Oft ist es gerade erst diese durch die musikalischen Einlagen und den Tanz kreierte Ebene zwischen den beiden Realitäten, in der sich die beiden Hauptcharaktere ineinander verlieben. Die *personality dissolve* überwindet folglich die ursprünglich etablierten Differenzen des im Zentrum stehenden Paares durch die Umkehrung der zugeschriebenen Attribute und die Erschaffung eines Raumes, der die Einfühlung in die jeweilige Gefühlswelt des anderen ermöglicht.

3.4 Musik als Song

Den musikalischen Einlagen kommt im Hollywood-Musical naturgemäß ein besonderer Stellenwert zu. Häufig ist die Rede davon, dass gerade die Musik zum Ausdruck wahrer und echter Emotionen besonders gut geeignet ist: "[The] musical recourse to *song*, in order to allow characters to celebrate the capacity of *music* to express their most deeply-felt emotions."[230] Jane Feuer setzt an diesem Punkt an und untersucht die Verwendung musikalischer Einlagen anhand ihrer, wie sie schreibt, selbstreflexiven Texte und den Genre-eigenen Erklärungsansätzen. Sie kommt zu dem Schluss, dass die Lieder und musikalischen Einlagen weniger eine Transformation gegenstandsloser Musik als vielmehr eine Transformation gesprochener in gesungene Worte sind.[231] "In becoming song, language is in a sense transfigured, lifted up into a higher, more expressive realm."[232] Heather Laing wiederum argumentiert, dass durch die von Jane Feuer konstatierte Sprachtransformation weniger die Bewertung der Dominanz von Musik oder Sprache und deren unterschiedliche emotionale Ausdrucksstärke im Vordergrund steht, als vielmehr deren sich gegenseitig unterstützende Kombination. Dementsprechend konzentriert sich Heather Laing in ihrem Aufsatz "Emotion by Numbers: Music, Song and the Musical" auf die spezifische Dynamik von Musik und Sprache des Hollywood-Musicals, welche die musikalischen Einlagen und Lieder vorantreiben. Besonderes Augenmerk legt sie dabei auf die integrierte Einlage, die sie wie folgt charakterisiert:

[The] integrated number [...] is not presented as the (potentially narratively isolated) staged element of the show within the film, but [...] instead appears to spring from nowhere, in

[229] Ebd., S. 83.
[230] Laing, Heather 2000, S. 5.
[231] Vgl. Feuer, Jane 1993, S. 52.
[232] Ebd., S. 52.

surroundings apparently not intended for performance, and [...] acts as an agent of both characterisation and narrative progression.[233]

Die integrierte musikalische Einlage tritt zu einem Zeitpunkt auf, an dem in der Narration des Hollywood-Musicals das Bedürfnis nach emotionaler Mitteilung einen Höhepunkt erreicht. Dies kann der Fall sein, wenn ein bestimmter Charakter seine innere Gefühlslage nicht länger für sich behalten kann, oder der Ausdruck einer bestimmten Emotion für das Voranschreiten der Narration von Bedeutung ist.[234] Wichtig ist in diesem Kontext die Rolle der Figur als Produzent der Musik: "It exists in the narrative because they choose to use it as a means of self-expression, and they are often its only diegetic source."[235] Dieser Argumentation folgend, handelt es sich bei den musikalischen Einlagen weniger um Lieder, als vielmehr um spontane musikalische Verkörperungen der Emotionen der singenden Charaktere. Heather Laing folgend ist dies auch möglich, wenn die musikalischen Einlagen keine eigens für das Musical komponierten Lieder sind. Viel wichtiger ist die Art der Inszenierung des Ursprungs der Musik als persönliche Empfindung oder eigene Erinnerung des betreffenden Charakters.[236]

Mit Altman lassen sich an dieser Stelle noch einmal die Besonderheiten der Beziehung von musikalischer Einlage zur Gesamtheit der Narration des Films beschreiben. Während die Musik erst durch ein diegetisches Ereignis entsteht, dreht sich dieses Verhältnis in der musikalischen Einlage um. Hier bestimmt die Musik die Handlung – zumindest über die Länge der Nummer.[237] Diese Umkehr und die ebenfalls bereits von Altman beschriebene Vermischung der beiden Tonspuren impliziert, Heather Laing zufolge, das Ersetzen der sonst rationalen Narration durch eine Logik der Emotion in den musikalischen Einlagen.[238]

The music becomes a powerful narrative force, displaying its emotionally-motivated control over the normally rationally-motivated sounds and actions of the diegetic space, so that emotion, or the irrational, has temporarily taken over the narrative.[239]

In Bezug auf die Bedeutung der musikalischen Einlagen für die Narration und die Konstruktion von Emotionen darf die Funktion der Sprache nicht außer Acht gelas-

[233] Laing, Heather 2000, S. 6.
[234] Vgl. ebd., S. 7.
[235] Ebd., S. 7.
[236] Vgl. ebd., S. 8.
[237] Vgl. Altman, Rick 1987, S. 62-74.
[238] Vgl. Laing, Heather 2000, S. 8.
[239] Ebd., S. 9.

sen werden. Im konventionellen Gebrauch lässt sich die Filmmusik als unbewusster, abstrakter Träger von Emotionen beschreiben. Mit dem Hinzukommen gesungener Texte wird die zum Ausdruck gebrachte Emotion konkret, was wiederum die Möglichkeit der abstrakten, emotionalen Tiefe der Musik zu begrenzen scheint.[240] Für Heather Laing nimmt die musikalische Einlage eine paradoxe Haltung in diesem Spannungsfeld ein:

> In fact, the musical number seems to provide a strangely paradox moment in the text, allowing a particular representation of emotional, physical, and formal excess, while nevertheless eschewing the possibility of becoming threatening either to the characters or audience. Instead of the highly disruptive qualities of the musical number making it potentially dangerous, the film manages to support and contain it quite safely and very pleasurably.[241]

Folglich ist festzuhalten, dass die Kombination von Musik und Sprache in der musikalischen Einlage des Musicals einen Raum bietet, in dem die verworrensten Emotionen zum Ausdruck gebracht werden können. Es gibt kein Gefühl, das zu intim, schwierig oder auch schmerzhaft ist, das nicht ausgedrückt und auch verstanden werden und im Verlauf des Musicals, beispielsweise durch das Happy End, überwunden werden kann.[242]

3.5 Formexperimente

Es wurde bereits darauf Bezug genommen, dass Altmans Musical-Definition in einigen Punkten sehr restriktiv ist. Spielräume für Mischformen oder Formexperimente, die dem Genre Musical im Altman'schen Sinne nahe stehen, werden dadurch ausgeschlossen. Um inklusiver definieren zu können, was innerhalb der hier vorliegenden Studie unter dem Begriff Musical verstanden wird, lohnt es sich, einen Blick auf eben solche Filme zu werfen, die an und über den Grenzen von Altmans Definition zu positionieren sind. Exemplarisch soll diese Begriffserweiterung anhand Jacques Demys *Les Parapluies de Cherbourg* und Lars von Triers *Dancer in the Dark* vorgenommen werden.

Jacques Demys *Les Parapluies de Cherbourg* aus dem Jahr 1964 wird, folgt man den Ausführungen von Geoff Andrew[243], häufig als Parodie oder als Dekonstruktion des Hollywood-Musicals verstanden. Übersehen oder unterschätzt wird dabei häufig das

---

[240] Vgl. ebd., S. 10.
[241] Ebd., S. 10.
[242] Vgl. ebd., S. 12.
[243] Audiokommentar *Les Parapluies de Cherbourg* (Frankreich 1964; Regie: Jacques Demy).

besondere Verhältnis des Films zur Form des Hollywood-Musicals, trotz des Fehlens eines Duetts, den fehlenden Tanzeinlagen, den komplett gesungenen Dialogen, weswegen Altman den Film auch kategorisch aus seiner Definition ausschließt. Die Geschichte wird in drei Akten erzählt, *le départ*, *l'absence* und *le retour*, sie spielt in einer Hafenstadt namens Cherbourg und beginnt im Jahre 1957. Im Zentrum des Films steht die Liebesziehung von Geneviève Emery, Tochter der ortsansässigen Besitzerin einer Regenschirm-Boutique, und Guy, einem Automechaniker, der mit seiner in die Jahre gekommenen Tante zusammenwohnt. Die Liebesbeziehung der beiden findet ein jähes Ende, als Guy eingezogen wird, um im Algerienkrieg zu kämpfen. Die beiden verbringen eine letzte romantische Nacht miteinander und schwören sich ewige Treue, bevor Guy Cherbourg verlassen muss. Doch es kommt alles anders: Geniève ist schwanger, sehr zum Missfallen ihrer Mutter, die selbst mit finanziellen Problemen zu kämpfen hat und sich große Sorgen um das Wohl ihrer Tochter macht. Als dann ein wohlhabender Kunde, angetan von Genièves Schönheit, sie gerne besser kennenlernen möchte und schließlich auch um ihre Hand anhält, akzeptiert Geniève den Heiratsantrag – gekränkt von der nur unregelmäßigen Kommunikation mit ihrer großen Liebe Guy und unter Druck gesetzt von ihrer Mutter. 1959 kehrt Guy dann aus Algerien zurück, um festzustellen, dass Geniève mittlerweile in Paris lebt und seine Tante im Sterben liegt. Völlig neben sich und erschüttert von all den Ereignissen ist das einzig Gute, was ihm wiederfährt, Madeleine, die seine Tante während seiner Abwesenheit pflegte und seit jeher in Guy verliebt ist. Es vergehen vier Jahre. Guy lebt mittlerweile mit Madeleine zusammen, ist stolzer Besitzer einer Tankstelle und hat einen kleinen Sohn. An einem verschneiten Abend kurz vor Weihnachten kommt Geniève zufällig an der Tankstelle vorbei – das ist ihr einziges Wiedersehen mit Guy. Die beiden haben eine kurze Unterhaltung und gehen daran anschließend wieder getrennte Wege. Auch auf inhaltlicher Ebene entspricht der in drei Akten erzählte Film nicht den laut Altmann für das Musical konstitutiven Elementen. Angesiedelt im Jahr 1957 erzählt *Les Parapluies de Cherbourg* zwar eine Liebesgeschichte, diese endet jedoch damit, dass sich die Liebenden nach langer Trennung zufällig wieder begegnen und, statt ihre Beziehung zu einem Happy End zu führen, nach einer kurzen Unterhaltung wieder getrennte Wege gehen. Die Geschichte von *Les Parapluies de Cherbourg* ist dementsprechend weniger gekennzeichnet durch eine erfolgreiche romantische Liebesgeschichte als vielmehr durch Verlust, Desillusion und persönliche Tragödie. Die Romantik, Fantastik oder Leichtigkeit ist in der Ästhetik des Films zu finden, in den intensiven Farben, in der Musik, durch die hindurch der komplette Dialog des Films gesungen wird. In diesem Zusammenhang ist auch zu attestieren, dass es sich bei *Les Parapluies de Cherbourg* um kein "traditionelles" Musical handelt. Hier gibt es keinen gesprochenen Dialog, der Platz macht für das Ausbrechen in spontane musikalische Einlagen. Keine diegetischen Töne oder Geräusche, die sich in nicht-diegetische Musik transformieren. Mehr noch:

> There are few moments when the characters launch into an identifiable, distinct song in the film; the score consists instead of strung-together themes that are associated with a particular character or emotion and incessantly repeated. The hyperstylization of this technique, which does not allow the audience to withdraw into the comfortable conventions of the traditional musical, takes on a further strangeness when the characters begin to sing about the most banal of subjects: paying bills, disputes at work, what type of gasoline to use.[244]

Durch die spezifische Verwendung von Musik in *Les Parapluies de Cherbourg* lässt sich wieder der Bogen zu Gilles Deleuze schlagen. Wie bereits ausführlich beschrieben, argumentiert Deleuze, dass im Musical durch die Loslösung der Bilder von ihrer sensomotorischen Dimension eine Transformation der Bewegung stattfindet. In seinen Ausführungen findet sich ebenfalls ein kurzer Abschnitt zu Jacques Demys *Les Parapluies de Cherbourg*, in dem er beschreibt, wie der Film das sensomotorische Arrangement der Bilder unterläuft und so Realität und Imagination gegenüberstellt:

> Bei Demy lassen sich optische und akustische Situationen wahrnehmen, die von Beschreibungen farbiger Szenerien verkörpert werden und sich nicht länger in Handlungen, sondern in Liedern fortsetzen, die in gewisser Weise eine 'Absetzung' oder 'Verschiebung' der Handlung bewirken. [...][A]uf der einen Seite die durch die Stadt, die Bevölkerung, ihre Klassen und Beziehungen [...] bestimmten sensomotorischen Situationen; auf der anderen Seite, auf einer tieferen Ebene als zuvor, verbindet sich die Stadt mit dem, was an ihr Kulisse ist; währen die gesungene Handlung zur Bewegung der Stadt und der Klassen wird, worin sich einander unbekannte Personen begegnen oder aber sich wiedersehen, [...] sich in einer rein optischen und akustischen Situation mischen und trennen, einer Situation, die um sich herum einen impliziten Traum 'einen verzauberten Kreis' oder eine wahrhafte 'Verzauberung' entwirft.[245]

Dementsprechend vorschnell wäre eine Kategorisierung von *Les Parapluies de Cherbourg* als reine Parodie des Hollywood-Musicals. Zwar sperrt sich der Film gegen Altmans Definition des Musicals, weist aber dennoch eine enge Verbindung mit dem Genre auf, die sich abschließend mit Sylvie Lindeperg und Bill Marshall so zusammenfassen lässt: "The musical genre has provided, not a praxis, but an index of

---

[244] Herzog, Amy 2010, S. 119.
[245] Deleuze, Gilles 1991, S. 94.

change and above all a reminder of the 'what ifs', of the possible, incompatible and different [...] worlds Geneviève and Guy might have inhabited."[246]

Lars von Triers *Dancer in the Dark* aus dem Jahr 2000 lässt sich ebenfalls nur schwer mit Altmans Definition des Musicalfilms fassen. Kein Paar, kein Happy End, ein melodramatischer Plot und eine durchaus brutale Gegenüberstellung von Musik und Narration, auf den Punkt gebracht in den finalen Momenten des Films, führte nicht zuletzt dazu, dass *Dancer in the Dark* auch beispielsweise von José Arroyo als Anti-Musical[247] beschrieben wird. Lars von Trier jedoch beschreibt seine Absichten völlig anders:

> I'm not trying to subvert or destroy anything. I'm trying to make it richer by somehow importing true emotion. It is such a beautiful cocktail, emotion and music. Also, I think that to take something like musicals seriously is interesting. Gene Kelly did it to some degree and again, "West Side Story" did it. Most musicals exist only to entertain but I think they can contain so much more.[248]

Wie bereits ausführlich beschrieben, ist eines der zentralen Spannungsverhältnisse des Hollywood-Musicals die Gegenüberstellung von Realität und Imagination, am deutlichsten veranschaulicht im Zusammentreffen der Narration und den musikalischen Einlagen. Ebenso zentral ist die Überwindung bzw. Zusammenführung dieser beiden Pole und für Altman eben auch deren Festschreibung in der Paarkonstellation aus Mann und Frau. Für *Dancer in the Dark* sind diese sich gegenüberstehenden Extreme ebenfalls zentral, ohne sich dabei jedoch auf ein im Zentrum des Films stehendes Liebespaar zu konzentrieren. Sie sollen im Folgenden näher beschrieben werden, um daran anschließend zu untersuchen, wie Lars von Trier die Grenzen zwischen filmischer Realität und utopischen Träumen verwischt. Auf der einen Seite steht der melodramatische Plot. *Dancer in the Dark* erzählt die Geschichte von Selma, einer tschechischen Immigrantin, die mit zwei Jobs, tagsüber in der ortsansässigen Fabrik und abends durch das Sortieren von Haarklammern, versucht, genügend Geld für die Operation ihres Sohnes zu sparen, der wie sie an einer Erbkrankheit leidet, die zur Erblindung führt. Selma selbst ist bereits fast blind. Im Alltag versucht sie, so gut es geht, ihre Behinderung vor ihren Mitmenschen, ihrem Arbeitgeber und ihren Nachbarn Bill und Linda, zu verheimlichen, benötigt dabei aber stets die Hilfe ihrer besten Freundin Kathy. Anfangs scheint es, als habe Selma Erfolg. Sie hat es geschafft, ge-

[246] Lindeperg, Sylvie/Marshall, Bill 2000, S. 105.
[247] Vgl. Arroyo, José 2000.
[248] http://www.oocities.org/lars_von_trier2000/interview6.html (Zugriff 12.02.2012).

nügend Geld für die Operation zurückzulegen, doch durch eine Reihe katastrophaler Ereignisse, den Verlust ihres Jobs, den Diebstahl des Geldes durch ihren Nachbarn Bill und den daran anschließenden Mord, landet Selma im Hochsicherheitstrakt und erwartet die Todesstrafe. Auf der anderen Seite stehen Selmas fantastische Ausbrüche aus ihrer tristen Realität, in denen die musikalischen Einlagen und auch die anhaltenden Verweise auf das klassische Hollywood-Musical eine zentrale Rolle einnehmen. In ihrer Freizeit schaut Selma gerne Musicalfilme und nimmt an einer lokalen Produktion des Musicals *The Sound of Music* teil, in welchem sie die Hauptrolle der Maria spielen soll. Diese diegetischen Musical-Momente bleiben aber entgegen der Tradition des Hollywood-Musicals der filmischen Realität verpflichtet und führen nicht zu spontanen, die Realität übersteigenden Gesangs- oder Tanzeinlagen.[249] Die die filmische Realität übersteigenden musikalischen Einlagen werden ausschließlich durch die fantastischen Tagträume von Selma hervorgerufen und finden ihren musikalischen Ursprung in den diegetischen Geräuschen der Umgebung. Selma selbst beschreibt deren Entstehen im Gespräch mit ihrem Nachbarn Bill folgendermaßen: "I've got little games I play, when it goes really hard. When I'm working in the factory... and the machines, they make these... rhythms... And I just start dreaming, and it all becomes music."[250] Diese fantastischen und utopischen Momente stehen der filmischen Realität gegenüber, und Altman zufolge beginnt genau an deren Ineinander-Übergehen die Welt des Musicals. Martin Sutton schließt daran an und schreibt: "The musical is essentially a genre that concerns itself with the romantic/rogue imagination and its daily battle with a restraining, 'realistic', social order. This battle grows out of a tension between realistic plot and spectacle/fantasy number."[251] Dieses Spannungsverhältnis setzt sich in *Dancer in the Dark* auch sehr einprägsam in der visuellen Gestaltung durch. Selmas Alltag ist trist und grau. Die Kamerabewegungen sind ruckartig, dokumentarisch inszeniert.

> Instead of smooth, carefully choreographed, and closely edited film technique, von Trier's camera jostles back and forth between characters, bouncing unsteadily as he follows them through the story. These techniques exemplify von Trier's usual aesthetic. His aim, he contends, is to capture a 'documentary' feel, a looser, improvisatory approach that eschews the seamless, 'disguised' constructedness of a typical film narrative.[252]

[249] Vgl. McMillan, Brian 2004. http://www.discourses.ca/v5n2a1.html. (Zugriff: 13.02.12).
[250] *Dancer in the Dark* (Dänemark 2000; Regie: Lars von Trier) 00:22:01 – 00:22:18.
[251] Sutton, Martin 1981, S. 191.
[252] McMillan, Brian 2004. http://www.discourses.ca/v5n2a1.html. (Zugriff: 13.02.12).

Demgegenüber steht die Inszenierung von Selmas musikalischen Tagträumen, deren entworfene Welt sich signifikant von der filmischen Realität unterscheidet. Die Farben sind warm, ausdrucksstark, kräftig und erinnern an die im Musical häufig verwendete Intensivierung der Farbe zur Markierung einer Traumwelt (beispielhaft umgesetzt in *The Wizard of Oz*). Die von Hand geführte Kamera wird ersetzt von 100 digitalen, die im Umfeld angebracht wurden, um die Szene aus möglichst vielen unterschiedlichen Kameraperspektiven einfangen zu können. Und schlussendlich wurden die musikalischen Einlagen im Gegensatz zu den nicht-musikalischen Szenen auf hochwertiges Filmmaterial transferiert. Dieser Bruch in der visuellen Darstellung durch die Intensivierung der Farbe und den Einsatz einer für Lars von Trier eher unüblichen Kameratechnik zeigt eine Ästhetik, die Brian McMillian zufolge integral ist für die visuelle Gestaltung des Spektakels des Hollywood-Musicals und die Markierung der musikalischen Einlagen als Traum oder Fantasie.[253] Lars von Triers *Dancer in the Dark* löst sich also beispielsweise von der von Altman als so zentral beschriebenen Mann-Frau-Paarkonstellation, ohne dabei das fürs Hollywood-Musical konstitutive duale Gestaltungsprinzip aufzugeben. Die bisherige Beschreibung der Veränderungen in der visuellen Darstellung erzeugt dennoch den Anschein, dass Selmas Tagträume oder Fantasien völlig getrennt von der filmischen Realität sind. Lars von Trier wirkt durch die von Altman beschriebene Verwendung der *audio dissolve* dem entgegen. Alle Musical-Sequenzen finden ihren Ursprung in diegetischen Geräuschen, die sich nach und nach zur musikalischen Nummer entwickeln und somit die Übergänge fließend gestalten. Ebenso anzumerken ist die Art und Weise der Integration der anderen Charaktere in die musikalischen Einlagen. "Selma's fellow actors are simply absorbed into her new musical number. The result is more an 'altered' or 'enhanced' reality than a complete escape into fantasy."[254]

Ein ähnliches Vorgehen zeichnet das Ende des Films aus. Die für Altman konstitutive Überwindung von Realität und Imagination ist eng verbunden mit der erfolgreichen Zusammenführung der beiden Extreme am Ende des jeweiligen Musicalfilms. Das Ende von *Dancer in the Dark* scheint sich gegen eine solche Zusammenführung zunächst zu sperren – zeigt es doch kein Happy End im Altman'schen Sinne, sondern die Exekution der Hauptdarstellerin. In den Momenten vor ihrem Tod jedoch erhält Selma die Nachricht, dass ihr Sohn Gene operiert wurde und somit sehen wird. Sel-

---

[253] Ebd.
[254] Ebd.

ma, die Sekunden vor dieser Nachricht noch zusammengebrochen ist, wirkt jetzt gefasster und beginnt das letzte Lied des Films zu singen, das den Titel trägt *Next to Last Song*. Entgegen den anderen Musical-Momenten entsteht ihr letztes Lied nicht durch akustische Töne und Geräusche. Ihre Stimme erhebt sich plötzlich, es gibt keine musikalische Begleitung, auch die Kamera und die Farben bleiben dieselben und genau in diesem Moment scheint die Utopie Realität zu werden, einen kurzen Augenblick lang, bis sie gehängt wird.[255] Auch wenn die Gegensätze von Realität und Utopie hier nicht, wie bei Altman, durch eine Hochzeit aufgelöst werden, erfahren sie doch eine Zusammenführung. Selmas einziger Wunsch geht in Erfüllung, ihr Traum wird Realität, ihr Sohn Gene wird sehen.

Nicht zuletzt aus diesen Gründen scheint eine Kategorisierung von *Dancer in the Dark* als Anti-Musical wenig gewinnbringend. Viel eher sei an dieser Stelle noch einmal auf Brian McMillian verwiesen, der die Spezifik des Films wie folgt zusammenfasst:

> Though on surface the film may disrupt the conventions of the musical genre with its melodramatic plot and disorienting stylistic quirks, it is deeply implicated in Hollywood tradition. The film's critique of the opposition between reality and musical utopias does not trample the dream under the leaden foot of truth. Rather it holds up the promise of truth in the dream.[256]

Welche Schlüsse sind nun aus diesem kleinen Exkurs zu ziehen? Zunächst einmal bringt er uns zurück an den Anfang und damit zu Steve Neale: "The musical has always been a mongrel genre. [...] [It] has always been, despite its accessible and effortless image, multifaceted, hybrid, and complex."[257] Zurück also zu einer Definition, die einzig und allein Musik und/oder Tanz als integrale narrative Bestandteile des Musicals ausweist? Altmans Definition des Hollywood-Musicals scheint zu restriktiv, nicht aber unbedingt in der Art, dass seine das Musical konstatierenden Elemente zu exklusiv sind, als dass seine Definition das Spiel, die Aktualisierung oder Weiterentwicklung der spezifischen Strukturen und Elementen des Musicals ausschließt. In *Les Parapluies de Cherbourg* wird der komplette Dialog gesungen, ohne dabei jedoch die fürs Musical spezifische Verbindung von Realität und Imagination einzubüßen, weiter noch, ist sogar durch diese Verbindung in der Lage, die zu seiner Zeit zentralen Dilemmata der französischen Gesellschaft mit einzubeziehen. Lars von Triers *Dancer in the Dark* stellt die tragische Geschichte einer alleinerziehenden

[255] Ebd.
[256] Ebd.
[257] Neale, Steve 2000, S. 97.

Mutter in den Mittelpunkt, verwehrt ihr das Happy End und schafft trotzdem eine finale Überwindung der Dichotomie von Realität und Fiktion.

Die Überwindung und das Vermischen der Grenzen von Realität und Imagination bleibt ein zentraler Punkt des Musicals und in gewisser Weise auch das duale Gestaltungsprinzip. Problematisch bleibt in diesem Zusammenhang einzig Altmans Festschreibung dieser Prinzipien in der Mann-Frau-Paarkonstellation. Diese Definition greift zu kurz, ist zu exklusiv. Ebenfalls zu exklusiv ist demensprechend die Überwindung oder Verschmelzung der Gegensätze im Happy End, dessen Wegfall oder Ersetzen durch eine andere Form der Schließung wie in *Dancer in the Dark* und auch in *Les Parapluies de Cherbourg* das Musical aus seiner attestierten Seichtigkeit befreit.

Ebenso wenig zielführend ist allerdings die Kategorisierung von Filmen wie *Les Parapluies de Cherbourg* und *Dancer in the Dark* als bloße Parodien oder Anti-Musicals, nur weil sie sich auf den ersten Blick gegen eine Definition als Musical sperren. Viel eher wird hier die generelle Problematik einer in sich stimmigen Genredefinition ansichtig. Filme wie die beschriebenen zeigen die Grenzen einer solchen Perspektive. Dennoch zeigen die von Altman aufgestellten Analysekriterien, wenn auch nicht in ihrer Gänze, Struktur- oder Stilelemente, die für die spezifische Bedeutungsgeneration des Musicals integral sind.

4 Analyse

4.1 Differenzierung der Musical-Folgen

In Bezug auf die Musical-Folgen zeitgenössischer amerikanischer Fernsehserien lassen sich erste Unterscheidungen anhand des Ursprungs der verwendeten Musik festmachen. Auf der einen Seite stehen die Musical-Episoden "The Bitter Suite" (*Xena: Warrior Princess*), "Once more with Feeling" (*Buffy the Vampire Slayer*) und "My Musical" (*Scrubs*). Diese unterscheiden sich von den anderen untersuchten Musical-Folgen dadurch, dass sowohl die in ihnen verwendete Musik als auch die Liedtexte eigens für diese Episoden geschrieben wurden, es sich hier also um Originalmusik handelt. Musik und Lieder der Folge "The Bitter Suite" wurden von Joseph LoDuca kreiert, der sich auch für nahezu die gesamte Musik der Serie *Xena: Warrior Princess* verantwortlich zeichnet. Für die Musical-Episode von *Buffy the Vampire Slayer* schrieb Joss Whedon die kompletten Texte und die Musik – und das sogar, ohne jemals zuvor komponiert zu haben.[258] Während die Originalmusik sowohl bei *Xena* als auch bei *Buffy* von den kreativen Schöpfern der Serie selbst geschrieben wurde, rekrutierten die Macher von *Scrubs* zusätzlich das externe Komponisten/Autoren-Duo Robert Lopez und Jeff Marx, das unter anderem durch das preisgekrönte Broadway-Musical *Avenue Q* Bekanntheit erlangte. Lopez und Marx erstellten in Kooperation mit der *Scrubs*-Autorin und -Produzentin Debra Fordham die Originalmusik der Folge "My Musical".[259]

Demgegenüber stehen sämtliche andere Musical-Folgen zeitgenössischer amerikanischer Fernsehserien, denn deren Musik und Lieder wurden nicht speziell für die jeweilige Folge verfasst. So griff *That '70s Show* für die musikalischen Einlagen auf große Hits der 1970er Jahre zurück, wie "The Joker" von *The Steve Miller Band.* Die Musical-Folge von *Grey's Anatomy* wiederum integrierte Lieder, die bereits auf den vorher veröffentlichten Soundtracks zur Serie zu finden waren. Songs wie beispielsweise Psaps' "Cosy in the Rocket" wurden überhaupt erst durch ihren Bezug zur Serie bekannt[260], wie Shonda Rhimes, Produzentin von *Grey's Anatomy*, hervorhob. Auch die zweite Musical-Folge der Serie *Xena: Warrior Princess* ("Lyre Lyre Hearts on Fire") griff auf bereits veröffentlichte Lieder zurück.

---

[258] Im Audio-Kommentar zur Episode "Once more with Feeling" spricht er auch ausführlich darüber, dass er extra Gitarre spielen gelernt habe.

[259] Vgl. Lodge, Mary Jo 2007, S. 297f.

[260] Vgl. http://www.tvguide.com/News/Greys-Shonda-Rhimes-1025983.aspx (Zugriff: 16.02.12).

Eine zweite Unterscheidung lässt sich aufstellen, wenn man betrachtet, welche Funktionen die musikalischen Einlagen in den unterschiedlichen Musical-Folgen haben und diese mit jenen Attributen und Leistungen vergleicht, die den musikalischen Einlagen im Hollywood-Musical zugeschrieben werden. Auf der einen Seite stehen dabei die Musical-Folgen der Serien *That '70s Show*, *7th Heaven, Grey's Anatomy, Chicago Hope* und auch die zweite Musical-Folge der Serie *Xena: Warrior Princess*, deren musikalische Einlagen sich unter anderem auf die, wie Michael Dunne schreibt, hunderten Lieder des Hollywood-Musicals beziehen, die Gesang und Tanz als Ursprung von Glück, Liebe und Freude zelebrieren,[261] ohne aber dabei für das Voranschreiten der Narration von Bedeutung zu sein. Im Gegenteil, häufig wird die Geschichte sogar erst dann weitererzählt, wenn die musikalische Einlage zu Ende ist. Mary Jo Lodge schließt sich dieser Argumentation ebenfalls an, indem sie konstatiert: "What most of these musical episodes have in common is that they function as variety or revue musicals (featuring unrelated, interpolated songs that do little to advance any storyline)."[262]

In der Folge "That '70s Show Musical" steht der Charakter Fez im Mittelpunkt. Er probt seit Wochen für seinen Auftritt in einer lokalen Musicalproduktion, der nun kurz bevor steht. Seine Freunde, die bereits seit Längerem von der Aufführung wissen, sind nicht sonderlich begeistert, als Fez erklärt, dass er davon ausgeht, dass sie alle zur Premiere anwesend sein werden. Das Voranschreiten der Handlung wird immer wieder unterbrochen durch die Tagträume von Fez. Besonders deutlich wird dies in der musikalischen Einlage kurz vor dem eigentlichen Auftritt, als Fez feststellt, dass seine Freunde immer noch nicht da sind.

Fez: My friends are still in the basement? I wonder what they are doing?
Kitty: Oh I'm sure they're just ...
Fez: Miss Kitty please ... I'm trying to wonder.[263]

[261] Vgl. Dunne, Michael 2004, S. 179.
[262] Lodge, Mary Jo 2007, S. 295.
[263] *That '70s Show*, Staffel 4, Episode 24 "That 70s Musical" 00:09:55 – 00:10:07.

Anstatt den Fokus auf die Bedeutung der musikalischen Einlage innerhalb der Narration zu legen, wird in dieser Episode die Faszination für die Möglichkeit der visuellen Gestaltung des Bildes zelebriert. Das durchaus logisch etablierte anhaltende Übergehen in Tanz und Gesang bleibt ohne Konsequenzen für Handlung und Charaktere.

Abb. 3: Screenshot aus der Episode "That '70s Show Musical" der Serie *That '70s Show*.
Abb. 4: Screenshot aus derselben Episode.

Dieses Beispiel fügt sich nahtlos in das von Caldwell konstatierte Prinzip der Televisualität ein – findet doch nicht viel mehr als eine stilistische Bezugnahme zur Extravaganz musikalischer Einlagen des Hollywood-Musicals statt. In den ausgewählten Bildern wird eine deutliche Anspielung auf den visuellen Stil Busby Berkeleys sichtbar. Im Gesamtkontext der Episode bleiben die einzelnen Sequenzen dann aber auch auf diese stilistische Nachahmung beschränkt und erreichen darüber hinaus keinen Mehrwert für die Episode oder für die Serie als Ganzes. Sie bringen über ihren visuellen Bezug hinaus beispielsweise die Narration nicht weiter voran und integrieren auch nicht die fürs Musical zentrale *dual-focus*-Struktur.

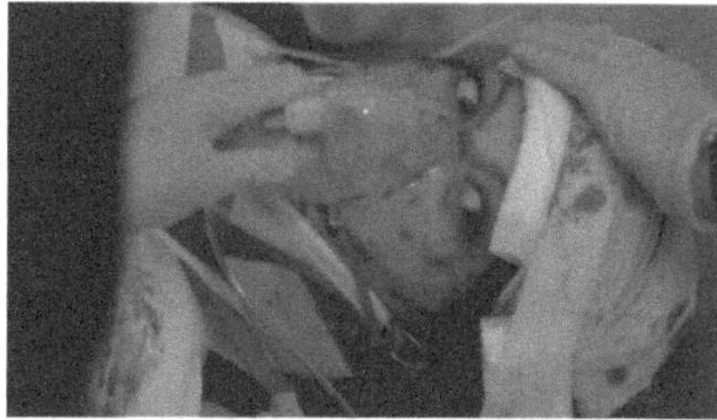

Abb. 5: Screenshot aus der Episode "Song Beneath the Song" der Serie *Grey's Anatomy*.
Abb. 6: Screenshot aus derselben Episode.

Ähnliches lässt sich auch über die Musical-Folge "Song Beneath the Song" der Serie *Grey's Anatomy* sagen, deren Macherin selbst darauf hinweist, dass es Verbindungen zur Form des Hollywood-Musicals gibt, ohne darüber hinaus auch das strukturelle und stilistische Prinzip der einzelnen Episode an die Form des Musicals anzupassen: "I very much wanted to do something that was musical without being a musical."[264] Im Gegensatz zu "That '70s Show Musical" dienen die musikalischen Einlagen hier zur Untermalung der dramatischen Situation der Episode, in der das komplette Ärzteteam nach dem Autounfall Callie Torres' um ihr Leben und das ihres Babys kämpft. Bereits in der ersten musikalischen Einlage tritt das gesungene Lied immer wieder hinter die die Narration vorantreibenden Dialoge zurück und wird ähnlich dem ansonsten üblichen Gebrauch von Musik der Serie in den Hintergrund verbannt.

In der Musical-Folge der Serie *Chicago Hope* sind die musikalischen Einlagen Teil der durch ein Aneurysma in Dr. Shutts Gehirn erzeugten Traumzustände. Sie fungieren dabei hauptsächlich zur Kennzeichnung der Zwischensequenzen als illusionistische, traumartige Zustände und werden in dieser Wirkung durch die Inszenierung von Rückblenden in seine Kindheit unterstützt. George Plasketes beschreibt diesen Gebrauch der musikalischen Einlagen wie folgt: "[T]he method amplifies the incongruity between the music and narrative's dramatic realism."[265]

Die Musical-Folge der Serien *7th Heaven* ("Red Socks") und *Xena* ("Lyre, Lyre, Hearts on Fire") lassen sich ebenfalls in diesen Zusammenhang einordnen, den Micheal Dunne so zusammenfasst:

> [The musical numbers of these shows] demonstrate that its creators are familiar enough with various forms of musical performance to echo them and confident enough that their viewers will catch the references. At the same time [...] singing and dancing receive only very marginal, highly qualified recognition as narrative agents.[266]

Demgegenüber stehen die musikalischen Einlagen der Musical-Folgen "The Bitter Suite", "Once more with Feeling" und "My Musical", die sich durch ein deutlich engeres und komplexeres Verhältnis zu den musikalischen Einlagen des Hollywood-Musicals auszeichnen. Hier dienen sie nicht nur der Beschreibung emotionaler Zustände als Mittel einer exzessiven Bildgestaltung oder zur Markierung eines Traumzustands, sondern als Möglichkeit der Charakterisierung und als Mittel, um die Narration voranzutreiben.

Das Lied "I've got a Theory" aus der Musical-Folge "Once more with Feeling" beispielsweise beschreibt Michael Dunne als: "[m]ost impressive in terms of plot de-

---

[264] http://www.tvguide.com/News/Greys-Shonda-Rhimes-1025983.aspx (Zugriff: 16.02.2012).
[265] Plasketes, George 2004, S. 71.
[266] Dunne, Michael 2004, S. 179.

velopment."[267] Wie der Titel schon suggeriert, sammeln Willow, Giles, Anya und Xander Ideen, was das plötzliche Ausbrechen aller in Gesang und Tanz verursachen könnte. Nachdem Hexen, Hasen und Dämonen zur Diskussion standen und Buffy ergänzt, dass es keine Rolle spielt, wer oder was diesen Zustand hervorruft, solange sie nur alle gemeinsam dagegen kämpfen, stimmen alle in den Refrain ein:

All: What can't we do if we get in it
We'll work it through within a minute
We have to try
We'll pay the price
It's do or die[268]

Das Lied setzt alle Charaktere in Bewegung und birgt gleichzeitig, im abschließenden "Do or Die", bereits die ultimative Lösung des Problems in sich.[269]
In der musikalischen Einlage "When the Truth comes out" aus der Musical-Folge der Serie *Scrubs* zeichnet sich ein ähnliches Bild. Innerhalb dieses Liedes fassen sowohl Elliot als auch Carla den Entschluss, J.D. und Turk die Wahrheit über den bevorstehenden Umzug und die Babypause mitzuteilen. Zudem erfährt Dr. Cox, dass die Patientin tatsächlich an einem Aneurysma leidet und nicht, wie er annahm, dem Wahnsinn verfallen ist:

All: Sometimes you're better off not knowing
But this isn't one of those times
Your world's become a musical
And your doctors speak in rhymes!
It's best to know the truth
Of that we have no doubt
But you'll have to face the future ...
Carla: How can I tell him?
Elliot: How can I tell him?
Dr. Cox: How can I tell her?
All: You'll have to face the future
When the truth comes out![270]

In allen Musical-Folgen sind die musikalischen Einlagen und das plötzliche Ausbrechen in Gesang und Tanz mehr oder weniger rational, zumindest aber im Kontext der Serie stimmig erklärt. Allerdings hat dieser Übergang ins Singen und Tanzen nur in den Folgen "The Bitter Suite", "Once more with Feeling" und "My Musical" neben

[267] Dunne, Michael 2004, S. 180.
[268] *Buffy the Vampire Slayer*, Staffel 6, Episode 7 "Once more with Feeling" 00:06:27 – 00:06:43.
[269] Vgl. ebd., S. 180.
[270] *Scrubs*, Staffel 6, Episode 6 "My Musical" 00:13:32 – 00:13:55.

stilistischen und visuellen Veränderungen auch direkte Konsequenzen für die Charaktere und das Voranschreiten der Narration. Joss Whedon selbst schließt sich dieser Form der Differenzierung der Musical-Folgen an: "I get very cranky about TV shows that do musical episodes that are basically variety shows where they play a scene and then they'll sing an oldie that has something vaguely to do with the scene, but the scene is over already."[271]

Es bleibt die Frage, wozu nun diese Differenzierung? Den Ausführungen folgend, zeigen sich hier zwei gänzlich unterschiedliche Ansätze der Integration des Musicals. Auf der einen Seite stehen die Musical-Episoden der Serien *7th Heaven, That '70s Show, Chicago Hope, Grey's Anatomy* und die zweite Musical-Episode der Serie *Xena: Warrior Princess*, deren "generic experiment is employed for nothing more than the effect itself."[272] Ähnliches konstatiert Georges Plasketes in Rückbezug auf das Auftreten sogenannter *special episodes*:

> A single episode or special production contains novel appeal for audiences, creators and cast. Audiences are willing to tolerate, if not welcome, a refreshing diversion from the weekly, [...] formulaic storylines. Likewise writers, producers, and performers have a rare opportunity to temporarily deviate from the norm and construct a creatively convenient, 'anything goes' atmosphere.[273]

In diesem Kontext liegt der Wechsel oder die Bezugnahme zum Hollywood-Musical nahe. Bereits allein durch das plötzliche Ausbrechen der Seriencharaktere in Tanz und Gesang, durch die Befreiung der ansonsten rein auf die nicht-diegetische Tonspur beschränkten Musik, durch die in der Form des Musicals implizierte Umkehr der Bild/Ton-Hierarchie wird eben diese von Georges Plasketes als *anything-goes* beschriebene Atmosphäre kreiert, ohne jedoch über die Integration der Effekte hinaus Konsequenzen für die Charaktere, die Geschichte oder die Struktur der Erzählung zu haben. Im Kontext der Ausführung von Lorenz Engell und John T. Caldwell betrachtet, wird die stilistische Variation hier folglich eingesetzt, um Bekanntes zu vergessen oder eben zu unterdrücken und die einzelne Episode als neu, oder zumindest außergewöhnlich zu markieren.

Die Musical-Folgen "Once more with Feeling", "The Bitter Suite" und "My Musical" dagegen nutzen den Wechsel zum Musical durchaus ambitionierter – in den Worten von Richard Albright: "[They] joyfully and self-consciously manipulate [...] the genre

[271] Ostow, Micol 2002, S. 101.
[272] Albright, Richard 2005, S. 8.
[273] Plasketes, George 2004, S. 71.

to [their] own ends."[274] Daher sollen diese drei Episoden im Folgenden im Mittelpunkt der Analyse stehen, während auf die anderen Musical-Folgen bei gegebenem Anlass kursorisch verwiesen wird.

4.2 Platz innerhalb der Serie

Die Serie *Xena: Warrior Princess* lief insgesamt über sechs Staffeln, von 1995 bis zum Finale im Juni 2001. Xena (gespielt von Lucy Lawless) ist eine altgriechische Kriegerprinzessin, die ihre brutalen Taten der Vergangenheit bereut und diese durch den Kampf gegen das Böse wieder gut zu machen versucht. Unterstützt in ihrem Kampf für das Gute wird sie von Gabrielle (gespielt von Renee O'Connor).

Die erste Musical-Folge der Serie "The Bitter Suite" ist die 12. Folge der 3. Staffel, die als eine der dunkelsten Staffeln der Serie gilt, da sie sich unter anderem mit den Themen Vergewaltigung, Kindsmord und schlussendlich dem drohenden Zerbrechen der Beziehung von Xena und Gabrielle auseinandersetzt, die der Serie zugrunde liegt. "By the third season, when 'The Bitter Suite' aired, Xena and Gabrielle have suffered a deep rift in their close relationship."[275] In der 4. Folge der 3. Staffel reisen die beiden Protagonistinnen nach Britannien, um einem Freund von Xena im Kampf gegen Julius Cäsar zu unterstützen. Gabrielle macht Bekanntschaft mit einem jungen Mann, der sie überzeugt, Dahaks Kult beizutreten. Viel zu spät realisiert Gabrielle, welchem Kult sie sich angeschlossen hat. In einer zwar nur figurativ dargestellten, aber dennoch kaum missverständlichen Szene wird sie vom dunklen Gott Dahak vergewaltigt und geschwängert. In den folgenden, sich diesem Spannungsbogen widmenden Episoden erfährt Xena, dass Gabrielles Tochter eine Inkarnation des Bösen sein wird und ringt ihr das Versprechen ab, das Kind zu töten. Gabrielle jedoch kann sich nicht dazu durchringen, hintergeht Xena und lässt ihre Tochter Hope am Leben. Hope wächst übernatürlich schnell zu einem jungen Mädchen heran, schließt sich mit Xenas Erzfeindin Callisto zusammen und tötet durch einen Hinterhalt Xenas Sohn Solan. Xena macht Gabrielle für den Tod ihres Sohnes verantwortlich und schwört Rache. An diesem Punkt beginnt die Folge "The Bitter Suite".

> At the start of 'The Bitter Suite', Xena brutally attacks the rather defenceless Gabrielle, whom she blames for the death of her young son, but both fall off a cliff and separately enter the land of Illusia, an *Alice in Wonderland* type of location in which all of the characters that they encounter communicate almost entirely through song and dance.[276]

---

[274] Albright, Richard 2005, S. 3.
[275] Lodge, Mary Jo 2007, S. 296.
[276] Ebd., S. 296.

Obwohl es im Kontext der gesamten Serie zu einigen Auseinandersetzungen zwischen den beiden Protagonistinnen kommt, bleibt dieser Konflikt der einzige Moment in der sechsjährigen Seriengeschichte, in dem die Freundschaft der beiden ernsthaft gefährdet ist. So wird der diese Geschichte überspannende Handlungsbogen in Fanforen[277] sehr treffend als "The Rift" bezeichnet. Im Anschluss an die Musical-Folge ist zwar die Beziehung der beiden wiederhergestellt (in der direkt im Anschluss gesendeten Episode "One against an Army" kämpft Xena um das Leben der vergifteten Gabrielle), der episodenübergreifende Handlungsbogen hat jedoch noch nicht sein Ende erreicht. Als Cliffhanger der 3. Staffel stürzt Gabrielle sich in glühende Lava, um Xena vor Hope zu schützen.

In einen ähnlichen Staffel-überspannenden Handlungs- und Spannungsbogen reiht sich auch die Musical-Folge der Serie *Buffy the Vampire Slayer* ein, welche von 1997 bis 2001 ausgestrahlt wurde und aus insgesamt sieben Staffeln besteht. Im Zentrum der Serie steht Buffy Summers (gespielt von Sarah Michelle Gellar), die als Teenager erfährt, dass sie übernatürliche Kräfte besitzt.

> In every generation there is a chosen one. She alone will stand against the vampires, the demons and the forces of darkness. She is the Slayer.[278]

Gemeinsam mit ihren Freunden Willow, Xander und Anya kämpft sie gegen Dämonen, Vampire und andere Kreaturen der Dunkelheit. Ihre Heimatstadt Sunnydale, die auf einen Höllenschlund gebaut wurde, ist der zentrale Spielort der Serie.

Zu Beginn der 6. Staffel der Serie, deren 7. Folge "Once More With Feeling" ist, holt Willow Buffy von den Toten zurück. Besonders dominant in den ersten Folgen der 6. Staffel ist Buffys emotionaler Kampf mit ihrer Wiederauferstehung. Buffy wurde nicht, wie ihre Freunde glauben, aus der Hölle befreit, sondern aus einem wohl himmlischen Jenseits gerissen. Bis "Once More with Feeling" ist Buffy nur in der Lage, dem Vampir Spike ihr Geheimnis anzuvertrauen. Ähnlich der 3. Staffel von *Xena: Warrior Princess* ist der die ersten Folgen der 6. Staffel überspannende Handlungsbogen weniger vom Kampf gegen die serienintern üblichen Feinde oder Bedrohungen gekennzeichnet, als vielmehr durch interne und emotionale Auseinanderset-

---

[277] Vgl.http://hercxena.wikia.com/wiki/The_Rift (Zugriff 12.01.2012), http://www.lore-merchant.org/xwp-eps/xena-s3.html (Zugriff 12.01.2012), http://www.xena.nu/storyarcs.html (Zugriff: 12.01.2012).

[278] *Buffy the Vampire Slayer*, Staffel 1, Episode 1 "Welcome to the Hellmouth" 00:00:00 – 00:00:12.

zungen, welche die den beiden Serien zugrunde liegenden Beziehungskonstellationen und die inneren Welten der Hauptcharaktere deutlich beeinflussen.
Scrubs' Musical-Folge "My Musical" ist die 6. Folge der 6. Staffel und findet, ähnlich der beiden vorhergehenden Beispiele, dann statt, als sich die zentralen Freundschaften und Beziehungen der Hauptcharaktere in einer emotionalen Krise befinden. Im Zentrum der Serie stehen der junge Arzt J.D. Dorian (gespielt von Zach Braff) und seine Kollegen des Sacred Heart Hospitals. Inhaltlich geprägt ist die 6. Staffel vor allem durch die Themen Schwangerschaft und Geburt. Carla will nach der Geburt ihrer Tochter lieber wieder arbeiten, anstatt zuhause zu bleiben, weiß aber nicht, wie sie dies ihrem Ehemann Turk erklären soll. Elliot, J.D.s Mitbewohnerin und mehrfache Affäre, beschließt, sich ein eigenes Haus zu kaufen, allerdings hat sie entgegen J.D.s Vermutungen nicht vor, mit ihm gemeinsam umzuziehen. Sie weiß aber ebenfalls nicht, wie sie ihm dies erklären kann, ohne seine Gefühle zu verletzen.
Im Hinblick auf die Einordnung der Musical-Folgen in den inhaltlichen Kontext dieser drei Serien und Staffeln fällt auf, dass im direkten Vorfeld ihres Erscheinens ernsthafte, die Hauptcharaktere betreffende Beziehungskonflikte auftreten, die, entgegen anderer Beziehungskonflikte der jeweiligen Serie, das Potential besitzen, die Beziehungen nachhaltig zu beeinflussen oder sie im schlimmsten Fall zu zerstören drohen:

> In fact all of the musical episodes serve primarily to reveal the innermost feelings of the characters involved. All three work from the theory that, through music, conflict can be revealed and possibly resolved in ways that it cannot in the non-musical episodes of the shows. In fact, these series with their heightened realities, have, at the moments of the musical episodes, few options for the characters to resolve their differences beyond singing. The stakes and emotions are so high, and the secrets so deep that, as occurs in a traditional musical, they simply must be sung because words are no longer enough.[279]

Demgegenüber stehen die Musical-Episoden der anderen Serien. Hier treten die Musical-Folgen ohne den Bezug zu einem episodenübergreifenden Handlungsbogen auf, wie beispielsweise in der zweiten Musical-Folge der Serie *Xena: Warrior Princess*: "Lyre, Lyre, Hearts on Fire" (Staffel 5, Episode 10), die ohne inhaltliche Verbindung zu einer vorhergehenden Episode bleibt, oder die Musical-Folge der Serie *Grey's Anatomy*: "Song Beneath the Song" (Staffel 7, Episode 18), die lediglich an den Autounfall der direkt vorangehenden Episode anschließt. Ebenfalls zu erwähnen ist in diesem Kontext die Musical-Folge "That '70s Musical" der Serie *That '70s Show*.

[279] Lodge, Mary Jo 2007, S. 301.

Diese Serie operiert generell ohne folgenübergreifende Handlungsbögen und folglich lässt sich deren Musical-Folge nicht in einen episodenübergreifenden inhaltlichen Zusammenhang einordnen.

Auffällig bei allen Musical-Folgen ist auch, dass diese erst nach der Veröffentlichung mehrerer vorausgehender Staffeln auftreten. "The Bitter Suite" ist die Musical-Folge, die im Kontext der vorangehenden Staffeln am frühesten erscheint, allerdings auch erst Mitte der dritten Staffel. Dies spricht wiederum für Jason Mittels Argument, dass stilistische und narrative Experimente im Gesamtkontext einer Serie erst dann auftreten, wenn ihre seriellen Konventionen ihrer in sich stimmigen Welten etabliert sind.[280]

Nicht unerwähnt soll auch die häufig enge Verbindung des Erscheinens der Musical-Folgen mit den sogenannten *sweep periods*[281] bleiben.[282] Beispiele hierfür wären die Folgen "Red Socks", "Once more with Feeling" oder auch "The Bitter Suite". Neben der engen Verbindung zu den *sweep periods* treten Musical-Folgen auch häufig dann auf, wenn eine bestimmte Anzahl an Episoden erreicht ist. So feiert sowohl *That '70s Show* als auch *Xena: Warrior Princess* ihre jeweils 100. Folge als Musical. Auch die Serie *How I Met Your Mother* integriert diesem Anlass zu Ehren zwar keine komplette Musical-Folge, doch wenigstens eine musikalische Einlage in ihre Folge "Girls Versus Suits".

4.3 Die Rechtfertigung des Musicals und das Einsetzen der Musik

Die Einordnung der Musical-Folgen in den Gesamtkontext der Serie hat gezeigt, dass selbst die früheste Musical-Episode erst Mitte der dritten Staffel erscheint. Dementsprechend groß ist die Anzahl an Episoden, in denen die Charaktere weder singen noch tanzen. Wie begegnen die jeweiligen Musical-Episoden also dieser Musical-freien Geschichte der einzelnen Serie? Und wie rechtfertigen sie den plötzlichen Wechsel?

[280] Vgl. Mittell, Jason 2006, S. 35.

[281] Als *sweep periods* werden in den USA die Monate (November, Februar, Mai und Juli) bezeichnet, in denen von der Neilson Media Research Informationen über das Fernsehverhalten der US-amerikanischen Staatsbürger gesammelt werden. Auf Grundlage dieser Informationen werden u.a. die Preise für Werbeblöcke berechnet oder auch Entscheidung zur Gestaltung der Programme einzelner Sender getroffen. (Vgl. Lodge, Mary Jo 2007, S. 295).

[282] Vgl. Lodge, Mary Jo 2007, S. 295.

In "Once more with Feeling" wird das Ausbrechen in Gesang und Tanz erklärt durch das Auftauchen des Dämonen Sweet, dessen Erscheinen dafür sorgt, dass alle in Sunnydale lebenden Menschen ihre wahren und tiefen Gefühle in Gesang und Tanz zum Ausdruck bringen, was im Extremfall bis zur Selbstentzündung führt. Diese Erklärung wird allerdings erst im Verlauf der Episode gegeben. Die Episode beginnt recht konventionell mit einem *recap*, in dem die für diese Episode zentralen Informationen aus den vorhergehenden Episoden zusammengefasst sind. Daran anschließend erscheint der Vorspann – allerdings nicht in der sonst serienüblichen Form.

Abb. 7: Screenshot aus der Episode "Once more with Feeling" der Serie *Buffy the Vampire Slayer*.
Abb. 8: Screenshot aus der Episode "Bargaining" (Staffel 6, Episode 1) der Serie *Buffy the Vampire Slayer*.

Die Änderung des Vorspanns beschränkt sich dabei nicht alleine auf eine visuelle Modifikation: Die serienübliche Anfangsmelodie erfährt ebenfalls für diese spezielle Folge eine Überarbeitung und erinnert an die Musik eines Musicals aus den 1950er Jahren. Bereits hier zeichnet sich der abrupte Genrewechsel ab.[283] Dem Vorspann folgt eine kurze Montage eines "normalen" Tagesablaufes der Hauptcharaktere, die bereits dadurch auffällt, dass es keine Dialoge gibt und die einzelnen Bewegungen und Aktivitäten der Charaktere rhythmisch zur unterlegten Musik geschnitten sind. Ebenfalls zu erwähnen ist in diesem Kontext der Wechsel des ansonsten für die Serie üblichen 4:3 Formats zu 16:9. "Once more with Feeling" bleibt die einzige Episode der Serie, in der ein derartiger Formatwechsel stattfindet. Auf die Anfangssequenz folgt der abendliche Rundgang Buffys, die, wie häufig üblich zu Beginn einer neuen Episode, alleine auf dem Friedhof unterwegs ist, um gegen Vampire und Dämonen zu kämpfen. Ohne dass zunächst eine Erklärung dafür geliefert wird, singt Buffy während ihres nächtlichen Einsatzes in ihrem Eröffnungslied "Going through the Motions" (wörtlich übersetzt: etwas mechanisch tun) über ihre Probleme, die sie seit ih-

[283] Vgl. Albright, Richard 2005, S. 3.

rer Rückkehr aus dem Jenseits hat. Ohne eine Erklärung oder Hinweise auf die Ursache der musikalischen Einlage bricht die Szene ab und wechselt zum nächsten Morgen. Buffy betritt den *Magic Shop* und fragt, ob zufälligerweise gestern Abend noch jemand plötzlich zu singen angefangen hätte. Willow, Tara, Xander, Anya und Giles sind erleichtert, dass es nicht nur ihnen so ging, und alle beginnen simultan, ihre verschiedenen musikalischen Ausbrüche zu beschreiben:

> Xander: Merciful Zeus!
> Willow: We thought we were the only ones! It was bizarre!
> Giles: Well, I sang but I have my guitar at the hotel and I often ...
> Tara: We were talking and then ... It was like ...
> Buffy: Like you were in a musical?
> Willow: We were doing a whole duett about dinner last night
> Giles: ... of course, that would explain the huge backing orchestra I couldn't see and the synchronized dancing from the room service chaps ...
> Anya: ... aaaand and we were arguing and then everything rhymed and there were harmonies and a dance with coconuts.
> Tara: Yeah there was this entire verse about the couscous.
> Xander: It was very disturbing.[284]

Erst jetzt wird deutlich, dass sich das Ausbrechen in Gesang und Tanz nicht auf Buffy alleine beschränkt und in der anschließenden Nummer "I've got a Theory" wird erörtert, dass eine für Sunnydale nicht ungewöhnliche übernatürliche Macht Grund für die musikalischen Einlagen sein muss. Auch wenn es den Charakteren selbst nicht gefällt, wie von Xander bereits angedeutet, wird das plötzliche Auftreten von Gesang und Tanz so im Kontext der Serie logisch etabliert.

"The Bitter Suite" beginnt ähnlich wie "Once more with Feeling" mit einem *recap*. Allerdings beginnt diese Musical-Folge im Gegensatz zu "Once more with Feeling" nicht direkt mit einer musikalischen Einlage oder dem Verweis auf einen bevorstehenden Genrewechsel. Den Musicalszenen voran gehen vielmehr einige der brutalsten Szenen der Serie. Xena ist wild entschlossen, Gabrielle, die sie für den Tod ihres Sohnes verantwortlich macht, zu töten. Sie überfällt das Dorf der Amazonen, ihrer eigentlichen Verbündeten, die Gabrielle Schutz gewähren. Xena findet Gabrielle, als diese mit Joxers Hilfe zu fliehen versucht, bindet sie an ihr Pferd und schleift sie bis zum Abgrund einer nahen Klippe hinter sich her. Gabrielle erlangt gerade zu dem Zeitpunkt, als Xena sie über die Kante stoßen möchte, wieder das Bewusstsein, und es kommt zu einem Kampf, in dessen Verlauf beide die Klippen herabstürzen, um da-

---

[284] *Buffy the Vampire Slayer*, Staffel 6, Episode 7 "Once more with Feeling" 00:04:15 – 00:04:32.

ran anschließend voneinander getrennt im sogenannten Illusia zu erwachen, das Callisto im ersten Lied der Episode wie folgt beschreibt:

Callisto: Illusia, is music a world built on rhyme
It's carved out of space in the absence of time
You've tasted how evil and good coexist,
The bitter and sweet of it ...[285]

Abb. 9: Screenshot aus der Episode "The Bitter Suite" der Serie *Xena: Warrior Princess*.
Abb. 10: Screenshot aus derselben Episode.

Mary Jo Lodge sieht sogar in den brutalen Anfangsszenen und der Konfrontation auf Leben und Tod die Möglichkeit für den Wechsel zum Musical begründet:

> While ["The Bitter Suite"] could simply start in Illuisa, the lengthy opening sequence makes it clear, both to newcomers drawn to the uniqueness of a musical episode, and to regular series viewers, that the stakes have never been higher for the characters than they are in "The Bitter Suite" and that when the conflict becomes a fight to the death, literally anything, including a musical episode, is possible.[286]

In der Folge "My Musical" tauchen die musikalischen Einlagen im Zusammenhang mit dem lebensbedrohlichen Aneurysma einer Patientin auf. Folglich finden sie auch nur in der Wahrnehmung dieser Patientin statt, was sich im Verlauf der Episode zeigt, da alle Charaktere nur in ihrer Nähe anfangen zu singen. Eingeführt wird das Zurückgreifen auf Lieder bereits kurz nach Beginn der Folge. Die Patientin bricht direkt vor J.D.s und Elliots Augen zusammen. Als die beiden nach ihr sehen, fragt Elliot – noch gesprochen: "Are you ok, Ma'am"?[287] Es folgt ein *Point of View Shot* und J.D.s darauffolgende Frage "How many fingers do you see?"[288] ist bereits gesungen. Etwas verwirrt fragt die Patientin, ebenfalls singend, "Why are you singing? Wait,

[285] *Xena: Warrior Princess*, Staffel 3, Episode 12 "The Bitter Suite" 00:12:06 – 00:12:17.
[286] Lodge, Mary Jo 2007, S. 289.
[287] *Scrubs*, Staffel 6, Episode 6 "My Musical" 00:00:48 – 00:00:49.
[288] *Scrubs*, Staffel 6, Episode 6 "My Musical" 00:00:50 – 00:00:52.

why am I singing?"[289]. Damit ist das Auftreten der musikalischen Einlagen in *Scrubs* etabliert und eindeutig mit dem Auftreten der neuen Patientin verbunden.

Die beiden anderen Krankenhausserien *Chicago Hope* und *Grey's Anatomy* greifen auf eine ähnliche Erklärung zurück. In "Brain Salad Surgery" ist es ebenfalls ein lebensbedrohliches Aneurysma, das Dr. Shutts Halluzinationen hervorruft, in die unter anderem die musikalischen Einlagen eingebunden sind. In "Song Beneath the Song" wird anfangs ebenfalls versucht, Callie Torres' Autounfall und ihre dabei entstandenen Verletzungen als Grund für den Wechsel zum Gesang zu etablieren. Das erste Lied beginnt Callie selbst, als außerkörperliche Erscheinung, zu singen. Im Verlauf der Episode allerdings wird dieser etablierte Grund immer wieder konterkariert, indem die verschiedenen anderen Ärzte ebenfalls anfangen zu singen. Dabei bleiben diese musikalischen Einlagen der Ärzte aber nicht, wie bei *Chicago Hope* oder auch *Scrubs,* den Traumzuständen der Verletzten vorbehalten, sondern tauchen auch im Kontext der Serie ohne logische Motivation auf. So beginnen beispielsweise die Callie behandelnden Ärzte zu singen, als sie sich über die bestmögliche Behandlungsform streiten, ohne dass Callie in der Nähe ist oder es eine andere logische Motivation für deren musikalische Gesangseinlage gibt. Diese Gesangseinlage wird ebenfalls erneut wenige Sekunden nach ihrem Eintreten sowohl visuell als auch auf der Ebene der Tonspur unterbrochen, und es folgt eine Dialogszene zwischen Christina, Meredith und Alex, in der sich die beiden Ärztinnen über Alex' Knutschfleck lustig machen. Die zweite Musical-Folge der Serie *Xena: Warrior Princess* zeichnet ein ähnliches Vorgehen. Auch hier wird versucht, das Auftreten der Gesangseinlagen einigermaßen logisch zu erklären, indem ein *battle of the bands* ausgerufen wird – allerdings findet beispielsweise die erste musikalische Einlage noch vor dem Ausruf dieses Wettbewerbs statt und verbleibt ohne logische Erklärung im Gesamtkontext der Episode.

Es zeigen sich dementsprechend also auch Unterschiede in der Erklärung und den Konditionen, die zur jeweiligen Musical-Episode führen. Für "Once more with Feeling", "The Bitter Suite" und "My Musical" fasst Mary Jo Lodge die Art der Etablierung der musikalischen Einlagen wie folgt zusammen:

> [A]ll three episodes create complex conditions for their musical episodes to occur, revealing that the creators of the series do not believe that musicals happen in the 'real world'. Instead they suggest, bursting into song and dance requires a trip to a world that resembles the afterlife on *Xena*, a visit from a hellish demon on *Buffy* or a life-threatening brain injury

[289] *Scrubs*, Staffel 6, Episode 6 "My Musical" 00:00:57 – 00:01:01.

> on *Scrubs* [...] – and the circumstances that cause a character to sing after *not* singing for at least fifty episodes must be extraordinary.[290]

Während dies für *Chicago Hope* ebenfalls zutreffend zu sein scheint, versucht *Grey's Anatomy* die musikalischen Einlagen ebenfalls rational zu erklären, allerdings wird diese Logik im weiteren Verlauf der Episode nicht nur nicht weiter verfolgt, sondern auch unterlaufen. So wird der Versuch unternommen, zu erklären, warum die verschiedenen Charaktere singen – eine konsequente logische Erklärung lässt sich allerdings nicht finden. Dies gilt ebenfalls für die Folge "Lyre, Lyre, Hearts on Fire" der Serie *Xena: Warrior Princess*. Ebenfalls weniger zutreffend scheint Mary Jo Lodges Ausführung in Bezug auf die Erklärung der musikalischen Einlagen in der Folge "Red Socks" der Serie *7th Heaven*. Hier ist der Valentinstag Anlass genug, um die Charaktere singen und tanzen zu lassen. In diesem Kontext fällt auf, dass vor allem diejenigen Musical-Folgen, die den formalen Wechsel zum Musical auch auf narrativer Ebene vollziehen, bemüht sind, eine im Kontext der Serie logische Motivation zu etablieren, während die anderen Serien zwar innerhalb der Folge eine Erklärung bieten, diese aber jedoch nicht unbedingt im Gesamtkontext der Serie logisch verortet ist. In der Serie *7th Heaven* beispielsweise brechen die Charaktere nicht jeden Valentinstag in Gesang und Tanz aus, auch nicht an anderen Feiertagen. Im Vergleich dazu ist das Ausbrechen in Gesang und Musik in "Once more with Feeling" beispielsweise im Kontext der einzelnen Folge durch den Dämonen Sweet begründet, dessen Auftreten und Einfluss auf Sunnydale und die dort lebenden Charaktere auch im Gesamtzusammenhang der Serie logisch nachvollziehbar ist.

4.4 Reflexion des Strukturprinzips der Dualität

Zur Beschreibung der Welten, in denen sich die Charaktere der Serien *Buffy the Vampire Slayer* und *Xena: Warrior Princess* bewegen, werden unter anderem in Fanforen, aber auch in wissenschaftlichen Auseinandersetzungen die Begriffe *Buffy*- und *Xenaverse* verwendet. Deutlich wird bereits hier, dass die Charaktere der beiden Serien nicht in unserer Welt leben. Dennoch weisen beide Universen enge Verbindungen zu unserer Realität auf, über die weder Vampire und Dämonen noch griechische Götter hinwegtäuschen können. Richard Albright beschreibt dieses Spannungsverhältnis von Realität und Fantasie wie folgt: "The fictional world is not our world; yet it operates in a way that seems logical, despite the fact of a 'novum' (novelty, innova-

[290] Lodge, Mary Jo 2007, S. 299. (Hervorhebung i. O.)

tion) – an element of strangeness, such as time travel, alien contact, or an alternate universe."[291]

In der Musical-Folge "Once more with Feeling" wird dieses Spannungsverhältnis durch die Verwendung der Musicalform innerhalb der einzelnen Folge thematisiert. Die Charaktere beispielsweise sind sich bewusst (recht ungewöhnlich für die Form des Musicals), dass sie in einem Musical mitspielen und kommentieren dies auch im Verlaufe der Episode[292]. Der plötzliche Genrewechsel zum Musical, der eine Veränderung der seriellen Realität mit sich bringt, wird somit nicht nur vom Rezipienten wahrgenommen, sondern auch von den einzelnen Charakteren.[293] In der Etablierung der Gegensätze von Realität und Fantasie entwickelt die Episode dabei ein durchaus kritisches Verhältnis zum Umgang des klassischen Hollywood-Musicals mit Realität und Imagination. Auf einer ersten Ebene wird der Wechsel zum Musical verwendet, um Buffy schlussendlich nicht nur körperlich, sondern auch emotional aus einem dem Himmel ähnlichen Jenseits (ihrer Utopie) zurück in ihre vom Kampf gegen Dämonen und Vampire bestimmte Realität zu bringen.[294] Ziel ist folglich nicht die Flucht in oder die Schaffung einer Utopie und deren Verschmelzen mit der Realität, vielmehr geht es darum, die Utopie, in der Buffy sich emotional noch befindet, zu überwinden, damit sie ihren Pflichten und Aufgaben wieder nachkommen kann. Am deutlichsten wird das kritische Verhältnis gegenüber den utopischen Versprechungen des Hollywood-Musicals in den einzelnen musikalischen Einlagen und deren emotionalen Ursprüngen. Buffys erstes Solo beginnt wie folgt:

Buffy: Every single night the same arrangement
I go out and fight the fight.
Still I always feel the strangest strangement
Nothing here is real, nothing here is right.
I've been making shows of trading blows
just hoping no one knows
that I've been going through the motions
walking through the part.
Nothing seems to penetrate my heart.[295]

---

[291] Albright, Richard 2005, S. 1.

[292] Dabei zeigen die unterschiedlichen Charaktere, vor allem Anya, dass sie durchaus mit den Konventionen des Hollywood-Musicals vertraut sind, indem sie beispielsweise ihr Duett mit Xander als *retro pastiche* beschreibt.

[293] Vgl. Albright, Richard 2005, S. 2.

[294] Vgl. Sandars, Diana/Wilcox, Rhonda V. 2010, S. 189.

[295] *Buffy the Vampire Slayer*, Staffel 6, Episode 7 "Once more with Feeling" 00:02:09 – 00:02:34.

Im klassischen Hollywood-Musical fangen die Charaktere hauptsächlich dann an zu singen, wenn sie ihre Emotionen nicht länger für sich behalten können. In einem Großteil der Filme sind diese Gefühle dabei positiv, lebensbejahend und platzen als glückliche Liebeslieder aus den Charakteren heraus. In "Once more with Feeling" dagegen gründen sich die musikalischen Einlagen auf unterdrückte, bewusst verschwiegene Gefühle oder Ängste – wie beispielsweise im vorhergehenden Liedtextauszug oder auch in Xander und Anyas Duett:

Anya: He snores
Xander: She wheezes
Anya: Say housework, and he freezes
Xander: She eats these skeezy cheeses that I can't describe
Anya: I talk, he breezes
Xander: She doesn't know what please is
Anya: His penis got diseases from a chumash tribe
Together: The vibe gets kind of scary
Xander: Like she thinks I'm ordinary
Anya: Like it's all just temporary
Xander: Like her toes are kind of hairy
Together: But it's all very well 'cause, god knows, I'll never tell[296]

Die musikalischen Einlagen fungieren hier keinesfalls im Sinne der Konstruktion utopischer Zustände oder Momente – im Gegenteil, sie kreieren zwar ebenfalls eine Art übernatürliche, fantastische Zwischenwelt, die als solche auch innerhalb des *Buffyverse* erkennbar ist. Allerdings geht es hier aber um nichts anderes, als die Freilegung der Wahrheit, der im Falle von Buffy, Anya und Xander verschleierten oder bewusst unterdrückten Wirklichkeit. Im Vergleich zu den musikalischen Einlagen des Hollywood-Musicals, die Heather Laing bereits als "potentially dangerous"[297] beschrieben hat, wird hier nicht nur auf die potentielle Gefährlichkeit verwiesen, diese wird auch explizit gezeigt, beispielsweise in der plötzlichen Selbstentzündung eines *Sunnydale* Einwohners – in Sweets Worten: "That's the penalty, when life is but a song."[298] Diana Sandars und Rhonda V. Wilcox fassen dies wie folgt zusammen: "[A]lthough the supradiegesis is employed to reveal the essence of things in *Buffy*, it is not utopian space which is created, but one defined by anxiety, deception, and dis-

[296] *Buffy the Vampire Slayer*, Staffel 6, Episode 7 "Once more with Feeling" 00:14:13 – 00:14:42.
[297] Laing, Heather 2000, S. 10.
[298] *Buffy the Vampire Slayer*, Staffel 6, Episode 7 "Once more with Feeling" 00:27:19 – 00:27:25.

unity."[299] Dem schließt sich ebenfalls der Dämon Sweet an, der für das Singen und Tanzen verantwortlich ist, wenn er in seinem letzten musikalischen Auftritt singt:

Sweet: What a lot of fun
you guys have been real sweel
and there's not a one
who can say this ended well
all those secrets you've been concealing
say you're happy now – once more with feeling.[300]

Wenn auch nicht eine utopische, so konstruieren die musikalischen Einlagen doch eine, wie bereits angedeutet, übernatürliche und fantastische Zwischenwelt. Diese operiert nicht – wie im Zusammenhang mit Altman häufig konstatiert – ideologisch, folgt aber dennoch formell dem von Altman als für das Hollywood-Musical spezifisch beschriebenen Stil. Diese Unterschiedlichkeit wird in der Musical-Folge selbst ebenfalls thematisiert und ist unter anderem in Taras Liebeslied "Under your Spell" zu erkennen. Zu erwähnen ist hier auf einer ersten Ebene, dass Joss Whedon die eigentliche Liebesballade seiner Musical-Folge nicht, wie von Altman gefordert, dem im Zentrum stehenden heterosexuellen Liebespaar zuschreibt, sondern dem einzigen homosexuellen Paar. Inszeniert ist diese musikalische Einlage als große Liebesballade. Zunächst reflektiert dieses Lied im Text die Idee, dass die Kraft der Liebe in der Lage ist, Differenzen zu überwinden, um anschließend eine stärkere Verbindung als vorher zu etablieren.

Abb. 11: Screenshot aus der Episode "Once more with Feeling" der Serie *Buffy the Vampire Slayer.*
Abb. 12: Screenshot aus derselben Episode.

Tara: I lived my life in shadow
never the sun on my face
it didn't seem so sad, though
I figured that was my place
now I'm bathed in light

[299] Sandars, Diana/Wilcox, Rhonda V. 2010, S. 200.
[300] *Buffy the Vampire Slayer*, Staffel 6, Episode 7 "Once more with Feeling" 00:44:54 – 00:45:19.

something just isn't right
I'm under your spell
how else could it be
anyone would notice me?
It's magic, I can tell
how you set me free
brought me out so easily.[301]

Die bildliche Inszenierung folgt ebenfalls der Idee dieser transformativen und zusammenführenden Kraft der Liebe:

> [T]he two witches transform their surroundings, moving from the idealized nature of a beautiful park to the intimate space of their bedroom, accompanied by dancing girls and pixie dust as metaphors for infatuation, and using levitation as a transparent metaphor for sexual union.[302]

Wie der Titel des Liedes aber bereits andeutet und wie der regelmäßige Rezipient der Serie auch weiß, steht Tara tatsächlich unter dem Zauber von Willow, die, um einen Streit der beiden zu lösen, ihre Freundin mit einem Vergessens-Zauber belegt hat, was Tara auch herausfindet und was schlussendlich im weiteren Verlauf der Serie zur Trennung der beiden führen wird. Wie an diesem Beispiel verdeutlicht, entsteht durch die verschiedenen musikalischen Einlagen eine auch für die Charaktere übernatürliche Zwischenwelt, in der die geltenden Konventionen außer Kraft gesetzt sind, oder zumindest nicht länger einer nur rationalen oder logischen Motivation unterliegen (beispielsweise sichtbar an den plötzlichen zeitlichen und räumlichen Wechseln, oder eben an den gesungenen Dialogen, die, ähnlich der Form innerer Monologe, die tiefsten Emotionen ans Licht bringen). Im großen Finale der Episode wird diese Gegensätzlichkeit und Dualität von Realität und Fantasie überwunden – allerdings nicht, wie fürs klassische Hollywood-Musical üblich, durch ein Happy End, sondern durch eine desaströse Offenbarung, die beinahe im Tod Buffys endet und die vom Dämonen Sweet mit den Worten "It's showtime"[303] angekündigt wird. Buffys finale Nummer beginnt mit einigen musikalischen Metaphern auf ihr "normales" Leben:

Buffy: Life's a show,
and we all play our parts,
and when the music starts,
we open up our hearts.
It's alright if some things come out wrong,

[301] *Buffy the Vampire Slayer*, Staffel 6, Episode 7 "Once more with Feeling" 00:09:23 – 00:10:03.
[302] Bauer, Amy 2010, S. 217.
[303] *Buffy the Vampire Slayer*, Staffel 6, Episode 7 "Once more with Feeling" 00:38:18 – 00:38:19.

we'll sing a happy song,
and you can sing along.[304]

Bis die nicht länger zu verheimlichende Wahrheit vor all ihren Freunden aus ihr herausbricht und nicht mehr nur Teil einer fantastischen Zwischenwelt bleibt:

Buffy: There was no pain.
no fear, no doubt,
till they pulled me out, of heaven.
So that's my refrain,
I live in hell,
cause I've been expelled from heaven.
I think I was in heaven.[305]

Buffy, von ihren Emotionen überwältigt, beginnt zu tanzen, immer schneller, immer schneller, bis sie beinahe selbst in Flammen aufgeht, bevor sie im letzten Moment von Spike gerettet wird:

Spike: Life's not a song,
life isn't bliss
life is just this,
it's living.
You'll get along,
the pain that you feel
only can heal,
by living.[306]

Anstelle des für das klassische Hollywood-Musical üblichen "Sie lebten glücklich bis ans Ende ihrer Tage", tritt in "Once more with Feeling" die Frage "Where do we go from here?", die auch gleichzeitig der Titel des letzten Liedes ist. Die Gemeinschaft der Freunde hat sich durch die Musical-Folge drastisch verändert. Die fürs *Buffyverse* zentralen Themen, wie Freundschaft und Zusammenhalt, werden in "Once more with Feeling" in Frage gestellt. Diana Sandars und Rhonda V. Wilcox bringen dies wie folgt auf den Punkt:

> When the musical's style and ideology is mapped onto an episode of this horror-fantasy television series, the fantasy structures of the musical are reconfigured to no longer suggest utopian transcendence and optimism, but the horror of the mundane and the loss of joyful romantic closure.[307]

---

[304] *Buffy the Vampire Slayer*, Staffel 6, Episode 7 "Once more with Feeling" 00:39:08 – 00:39:34.
[305] *Buffy the Vampire Slayer*, Staffel 6, Episode 7 "Once more with Feeling" 00:41:30 – 00:42:00.
[306] *Buffy the Vampire Slayer*, Staffel 6, Episode 7 "Once more with Feeling" 00:42:41 – 00:43:08.
[307] Sandars, Diana/Wilcox, Rhonda V. 2010, S. 207.

Was hier stattfindet, ist die Integration des Hollywood-Musicals in den Kontext der Serie und nicht, wie Caldwells Ausführungen zur Maskerade nahe legen, eine "Verkleidung" der Serie bzw. der einzelnen Folge als Musical. Die für ein Musical zentrale duale Struktur wird als narratives Prinzip etabliert und auch überwunden, allerdings hier eher im Sinne Lars von Triers *Dancer in the Dark* als mit dem üblichen Happy End.

"The Bitter Suite" unterscheidet sich in der Integration der Musicalform von "Once more with Feeling". In "The Bitter Suite" ersetzt der Parallelismus im Traumland *Illusia* die zuvor noch logische, rationale Narration. Zur Erinnerung: Altman beschreibt eben diesen Parallelismus von Realität und Illusion als konstituierend für den *dual-focus narrative*. Dementgegen gründet sich der Parallelismus hier erneut nicht auf ein im Zentrum stehendes heterosexuelles Liebespaar, sondern auf die zerstrittenen Freundinnen Gabrielle und Xena. Die beiden Hauptcharaktere kommen, räumlich voneinander getrennt, im Land von *Illusia* wieder zu Bewusstsein. Zuerst Xena, die von Callisto erfährt, wo genau sie sich befindet und welche Gesetze in Illusia gelten:

Callisto: Xena be warned, Xena beware
by closing your eyes you can see what isn't there
Xena be calm, open your eyes
lies maybe truth and truth may be lies[308]
[...]
Fate is a wheel, it will reveal
all you've become, all that you feel
destiny knows what has to be,
you'll pay the price nothing is free,
I'll be your guide, take the hand of your muse
you just might lose your way in the Land of Illusia[309]

Direkt im Anschluss kommt Gabrielle zu sich und wird ihrerseits von Joxer erwartet, der sie ebenfalls mit einem Lied begrüßt. Von ihren jeweiligen Führern werden Gabrielle und Xena dann zurück zu ihren Wurzeln geleitet – Xena zurück zur ihren Soldaten und Gabrielle zurück zu ihrer Familie. Das Lied "War and Peace" verbindet die beiden sich gegenüberstehenden Welten und zeigt gleichzeitig ihre Unterschiedlichkeit. Der erste Teil des Liedes beginnt mit Xena, die von den anwesenden Soldaten verehrt und für ihre Stärke und ehemaligen Gräueltaten besungen wird.

Soldaten: Praise the winds of chance that blew
Xena back where friends are true

[308] *Xena: Warrior Princess*, Staffel 3, Episode 12 "The Bitter Suite" 00:11:34 – 00:11:43.
[309] *Xena: Warrior Princess*, Staffel 3, Episode 12 "The Bitter Suite" 00:11:52 – 00:12:05.

we would fight to death for you, brave Xena
when your mighty chakram arcs
throwing fierce magnetic sparks
no one ever hits her marks like Xena
famed for prowess with a sword
who's as feared and as adored
you've not lived till you've been gored by Xena[310]
[...]
You and me love war
doesn't matter what it's for
Pandemonium reigns and we're bludgeoning brains
gives us War, War, War
keep it down to a roar[311]

Der zweite Teil des Liedes führt zurück zu Gabrielle, die von ihrer Familie empfangen wird. Im Kontrast zu Xena als tapfere aber auch grausame Kriegerin, erinnern die Dorfbewohner an Gabrielles friedliebendes Wesen.

Villagers: O'er the Bridge of Tears
She's crossed and she's paid a fearful cost
Her blood innocence is lost, Gabrielle
Now the past has set her free
And she's traveled home to be
With her old friends you and me, Gabrielle[312]
[...]
You and me love peace
with the ducks and goats and geese
While the hours away baking bread, pitching hay
We love peace, peace, peace,
simple joys that never cease[313]

Wie der Titel bereits ankündigt, werden die beiden Hauptcharaktere den sich gegenüberstehenden Welten von Krieg und Frieden verortet. Das unterstreicht die unüberwindbaren Differenzen, die die Freundschaft von Xena und Gabrielle bedrohen. Diese Unvereinbarkeit und Gegensätzlichkeit wird auch visuell umgesetzt. Der Ort, an dem Xena sich befindet, ist durchgängig in einem dunklen Blau gehalten. Nebel und Rauch erschweren eine klare Sicht. Gabrielles Dorf dagegen erscheint in warmen Farben. Die Dorfbewohner tragen bunte, farbenfrohe Kostüme und nicht wie Xenas Soldaten dunkle, eintönige Uniformen. In Xenas Welt gibt es nur sehr wenige natürliche Lichtquellen, vereinzelte Kerzen, die für eine dunkle, schaurige Atmosphäre

[310] *Xena: Warrior Princess*, Staffel 3, Episode 12 "The Bitter Suite" 00:16:50 – 00:17:15.
[311] *Xena: Warrior Princess*, Staffel 3, Episode 12 "The Bitter Suite" 00:18:14 – 00:18:25.
[312] *Xena: Warrior Princess*, Staffel 3, Episode 12 "The Bitter Suite" 00:19:05 – 00:19:22.
[313] *Xena: Warrior Princess*, Staffel 3, Episode 12 "The Bitter Suite" 00:19:59 – 00:20:11.

Abb. 13: Screenshot aus der Episode "The Bitter Suite" der Serie *Xena: Warrior Princess.*
Abb. 14: Screenshot aus derselben Episode.

sorgen, wogegen das kleine Dorf, indem sich Gabrielle befindet, von Sonnenlicht durchflutet zu sein scheint.

Die sich gegenüberstehenden Welten werden im Verlaufe des Liedes in immer kürzeren Abständen gegeneinander montiert – bis zum ersten Aufeinandertreffen beider in *Illusia* – was darin endet, dass Xena Gabrielle ermordet. In dem Moment, als Xena realisiert, was sie getan hat, löst sich Gabrielles Leiche in Luft auf, und es wird klar, dass Xena nur eine Illusion von Gabrielle getötet hat. Deutlich wird in den sich gegenüberstehenden Inszenierungen der beiden Orte, an denen sich Xena und Gabrielle vor ihrem ersten Zusammentreffen befinden, vor allem die Tendenz des Hollywood-Musicals zum, wie Altman schreibt, *Pairing-off*: "Pairing-off is the natural impulse of the musical, whether it be in the presentation of the plot, the splitting of the screen, the choreography of the dance, or even the repetition of the melody."[314] In der Inszenierung des Duettes von Xena und Gabrielle zeigt sich ebenfalls die Nähe zum Hollywood-Musical, dessen zentrale Rolle Altman wie folgt beschreibt: "[T]he duet is the musical's center of gravity, its method of summarizing in a single scene the film's entire structure."[315] Das Duett der Folge "The Bitter Suite" setzt sich aus zwei Teilen zusammen. Der erste Teil schließt direkt an die vorhergehende Scheinermordung Gabrielles an. Die beiden befinden sich in einer dunklen, großen Halle und beginnen, sich gegenseitig mit Vorwürfen zu überschütten, was dazu führt, dass ein ohrenbetäubendes Echo entsteht, weshalb sich die beiden nicht länger hören können. Als Xena durchschaut, dass das Echo losbricht, sobald sie und Gabrielle sich gegenseitig

[314] Altman, Rick 1987, S. 32.
[315] Ebd., S. 37.

Vorwürfe machen, sagt sie: "Tell me how you feel, right now, nothing about the past, right now."[316] Und Gabrielle antwortet: "I hurt inside"[317], woraufhin das Duett der beiden beginnt:

Xena: My heart is hurting beyond words
The pain is tearing up my soul
These days have seen my spirits die
My life propelled out of control
My wounds lie naked to the world
My depth of suffering exposed
This damaged past can never heal
Until this nightmare book is closed
Gabrielle: My heart is hurting beyond words
The pain is tearing up my soul
Please tell me how can I retrieve
the life that all this sadness stole
Because of you this happened
Because you had to carry out
your vengeful little plans[318]

Durch das komplette Duett hindurch wechseln sich Xenas und Gabrielles Texte immer wieder ab. Xenas Gesang folgt direkt auf Gabrielles Einstieg, häufig markiert mit genau demselben Anfangsliedtext. Im Verlaufe des Duetts werden die jeweiligen Gesangsabschnitte immer kürzer, so dass schlussendlich Zeile gegen Zeile gesungen wird, bis es allerdings vor der ersten Zäsur des Duetts erneut zu einer Eskalation anstatt eines gemeinsamen Refrains kommt.

Gabrielle: If only you had never brought me there
Xena: If only you had done what you were told
Gabrielle: If's you who's to be blamed
Xena: And you should be ashamed
Gabrielle: It's your fault
Xena: No it's yours
Gabrielle: How could you
Xena: How could you[319]

Unterbrochen wird das Duett durch einen erneuten Raumwechsel, durch den Xena und Gabrielle zurück an den Ort gelangen, wo alles begann: an Dahaks Kultstätte. Hier stimmen die bisherigen Gegner von Xena und Gabrielle das Lied "Hate is the

[316] *Xena: Warrior Princess*, Staffel 3, Episode 12 "The Bitter Suite" 00:27:26 – 00:27:30.
[317] *Xena: Warrior Princess*, Staffel 3, Episode 12 "The Bitter Suite" 00:27:30 – 00:27:34.
[318] *Xena: Warrior Princess*, Staffel 3, Episode 12 "The Bitter Suite" 00:27:58 – 00:29:11.
[319] *Xena: Warrior Princess*, Staffel 3, Episode 12 "The Bitter Suite" 00:29:22 – 00:29:38.

Star" an und führen den beiden vor Augen, dass sie selbst tief von Hass erfüllt sind, den sie in ihren Abenteuern immer wieder bekämpfen.

Gegner: Learning hate is an art, even people who are smart
can be caught, can be crushed, can be creamed
Hate has swallowed you whole
Did you think you're in control
hate you spoke,
hate you thought,
hate you dreamed
All your hate gave me substance
your lives are undone
It's your eve of destruction, your hatred has won.[320]

Schockiert von der Tatsache, dass beide sich hassen und sich so weit voneinander entfernt haben, verfallen die beiden erneut in Gesang, und es folgt der zweite Teil des Duetts. Ähnlich dem ersten Teil wechseln sich Xena und Gabrielle Zeile für Zeile ab, bis sich ihre Stimmen im zweiten Teil vermischen und die Differenzen im finalen Refrain singend überwunden werden:

Gabrielle: The hurt was tearing up our souls
Xena: The fury in us made us blind
Gabrielle: We could not see beyond the pain
Xena: If we can turn again to love
Gabrielle: If we can heal these open wounds
Xena: We'll leave this hatred far behind
Gabrielle: So not a trace of hate remains
Both: We'll overcome our damaged past
and we'll grow stronger side by side
to stand together through the storms
we're safe cause love will be our guide.[321]

Durch das Zueinanderfinden im Lied explodieren dann auch die gerade noch siegessicheren Gegner der beiden, während Xena und Gabrielle gleichzeitig, wie von Zauberhand, von ihren Fesseln und Ketten befreit werden und vor ihnen der vermeintliche Ausgang aus dem Land von *Illusia* auftaucht: Ein Wasserfall, hinter dem Xenas Sohn Solan auf die beiden wartet. Gabrielle ist die erste, die den Wasserfall durchquert, doch Xena kann ihr nicht folgen – sie hat ein letztes Geheimnis, die Ermordung von Ming Tien, von der sie Gabrielle nichts erzählt hat. Sie gesteht Gabrielle, dass sie gelogen hat, und bittet im letzten Lied der Folge um Vergebung. Schließlich verzeiht ihr Gabrielle.

[320] *Xena: Warrior Princess*, Staffel 3, Episode 12 "The Bitter Suite" 00:32:38 – 00:33:03.
[321] *Xena: Warrior Princess*, Staffel 3, Episode 12 "The Bitter Suite" 00:33:49 – 00:34:29.

Die große Krise ist überwunden und dank der dualen Struktur des Musicals und der für Altman ebenso zentralen schlussendlich glücklichen Überwindung der Differenzen können Xena und Gabrielle auch in den folgenden Episoden und Staffeln erneut gemeinsam gegen das Böse kämpfen.

Abb. 15: Screenshot aus der Episode "The Bitter Suite" der Serie *Xena: Warrior Princess.*
Abb. 16: Screenshot aus derselben Episode.

Auch in "My Musical" steht kein traditionelles Liebespaar im Zentrum der Geschichte. Im Vergleich zu den beiden vorher beschriebenen Musical-Episoden finden die musikalischen Einlagen jedoch nicht für die zentralen Charaktere statt. Sie wissen zwar durch die Äußerungen der Patientin Patti Miller, dass diese J.D. & Co. singen hört und tanzen sieht, sie selbst aber nehmen sich nicht singend oder tanzend wahr – zumindest, wenn man ihren Dialogen Glauben schenken darf. So fragt Dr. Cox die Patientin, als diese ihm erklärt, dass sie nicht verrückt ist: "Am I still singing?"[322] Dementsprechend findet in "My Musical" mit dem Wechsel zum Musical auch ein Perspektivwechsel statt, und zwar so, dass der Rezipient die Charaktere und das Krankenhaus hauptsächlich durch die Augen und Ohren von Patti Miller sieht und hört. Der Ernsthaftigkeit ihrer Erkrankung und der Ungewissheit ihrer Zukunft stehen dabei die musikalischen Einlagen gegenüber, die durchaus utopische Momente kreieren, auch wenn ein Teil von ihnen, ähnlich der "Mustard Song"-Einlage in Buffys "Once more with Feeling", hauptsächlich der Erzeugung von Komik dient, wie beispielsweise "Everything Comes Down to Poo". In der ersten musikalischen Einlage der Folge wird Patti Miller nach ihrem Zusammenbruch ins Krankenhaus gebracht. Durch die Musik werden ihr anfangs die Ärzte vorgestellt. Es wird ihr erklärt, dass

---

[322] *Scrubs*, Staffel 6, Episode 6 "My Musical" 00:01:59 – 00:02:24.

sie sich keine Sorgen machen muss, weil ihr im Krankenhaus *Sacred Heart* geholfen werden wird.

J.D.: Our facilities are excellent! You couldn't ask for more
Janitor: As long as you avoid the bathrooms on the second floor
Dr. Kelso: This is Dr. Cox, I'll be giving him your chart
Dr. Cox: And that's Dr. Kelso – the kiss-ass of Sacred Heart!
Turk: You say you burned your hand real bad – we'll fix you up with gauze
Elliot: Perhaps you need your fat sucked out – or want a smaller schnoz![323]

Die bereits im Kontext der vorhergehenden Musical-Folgen beschriebene Überwindung der Differenzen durch die Musik zeigt sich ebenfalls in den Auseinandersetzungen von J.D. und Elliot sowie von Turk und Carla. Als die beiden Frauen J.D. und Turk ihr jeweiliges Geheimnis erzählen, reagieren die beiden Männer zunächst verärgert. J.D. erklärt, dass er nicht länger mit Elliot reden werde und Turk lässt Carla einfach stehen, nachdem er, wie durchaus üblich, noch eine schnippische Anmerkung über ihre Herkunft macht. In der daran anschließenden Nummer überwinden die beiden ihre Differenzen.

Turk: Let's talk about your job, and not the fact that your
Carla: Dominican!
Turk: You're not staying home from work.
Carla: Will that make you happy Turk?
Turk: I'll support you if you choose to earn the pingements.
Carla: Then I'll return to work today! Now you're sure that that's ok?
Turk: I say si, which is yes in Dominican, and Puerto Rican
Carla: Turk ...
Turk: But you're Dominican[324]

J.D. und Elliot können in der anschließenden Szene dank der Musik ebenfalls ihre Differenzen überwinden, noch bevor die musikalische Einlage direkt ins große Finale übergeht, in dem erneut alle Anwesenden Patti Miller erklären, dass sie sich keine Sorgen zu machen braucht, weil alles gut ausgehen wird.

J.D.: We'll be...Friends forever!
We're gonna be friends forever!
We will always be true-ooh-ooh!
Friends forever! We're gonna be friends forever!
I'll always be there for you![325]
[...]
Patti: What's going to happen?
What does the future hold?

[323] *Scrubs*, Staffel 6, Episode 6 "My Musical" 00:08:47 – 00:08:48.
[324] *Scrubs*, Staffel 6, Episode 6 "My Musical" 00:18:01 – 00:18:23.
[325] *Scrubs*, Staffel 6, Episode 6 "My Musical" 00:18:41 – 00:18:58.

So many things that I put off
assuming I'd have time, assuming I'd grow old
what's going to happen?
And will I be alive tomorrow?
What's going to happen...to me?

Dr. Cox: You're going to be okay

All: That's what's going to happen
Everything's okay
we're right here beside you
we won't let you slip away
plan for tomorrow
'cause we swear to you
you're going to be okay[326]

Die Operation gelingt, und Patti Miller wird von ihrem Aneurysma befreit – folglich ein Happy End? Dazu gibt die Folge selbst Antwort durch die für *Scrubs* durchaus üblichen letzten Worte eines *Voice-Overs* von J.D.: "In musicals, there's always a happy ending. But in life, sometimes when you get what you want, you end up missing what you left behind. Whether it's your roommate, or time spent with your child, or even the music you used to hear in your head."[327]

Trotz der offensichtlichen Unterschiede der drei Musical-Folgen gibt es entscheidende Gemeinsamkeiten. An erster Stelle steht die Hinwendung zur Musik als Ausdrucksform von Emotionen bzw. zur Charakterisierung des Innenlebens der Figuren, die ansonsten im Verlauf der jeweiligen Serie nicht mit dieser Zentralität verhandelt werden. Die duale Struktur des Hollywood-Musicals wird auf unterschiedliche Weise integriert und dem jeweiligen Kontext der Serie angepasst, wobei in allen drei Episoden durch die musikalischen Einlagen eine Art fantastische, übernatürliche Zwischenwelt entsteht, in der die im Kontext der Serie rationale oder logische Narration aufgebrochen und durch unterschiedliche Interpretationen des für das Musical zentralen dualen-Prinzips ersetzt wird. Im Falle von "The Bitter Suite" lässt sich das Ersetzen der Narration mit dem von Rick Altman geprägten Begriff des *dual-focus narrative* fassen, wohingegen in "Once more with Feeling" und "My Musical" auch eine Form der dualen Narration tritt – in diesen beiden Folgen stützt sich der Dualismus allerdings nicht auf ein im Zentrum stehendes Paar, sondern setzt auf die Gegenüberstellung der seriellen Realität und einer überhöhten und fantastischen Zwischenwelt.

326 *Scrubs*, Staffel 6, Episode 6 "My Musical" 00:19:30 – 00:20:28.
327 *Scrubs*, Staffel 6, Episode 6 "My Musical" 00:22:20 – 00:22:48.

In allen drei Folgen findet ebenfalls eine Überwindung dieser Dichotomien statt, allerdings nur in "The Bitter Suite" findet sich das fürs Hollywood-Musical typische Happy End. "Once more with Feeling" dagegen zeichnet ein deutlich düsteres Bild, indem das Zusammenführen oder -finden der Realität und der fantastisch-überhöhten Zwischenwelt zu einer ernsthaften Bedrohung der Einheit der im Zentrum stehenden Charaktere wird. "My Musical" dagegen erfüllt einerseits die Forderung nach einem Happy End, grenzt dessen Wirkung allerdings im selben Schritt ein, indem J.D. darauf hinweist, dass es im wirklichen Leben keine echten Happy Ends gibt. In diesen drei Folgen findet nicht nur ein Verweis auf die Form des Musicals statt. Hier werden die zentralen Stil- und Strukturelemente des Musicals integriert und in den musikalischen Einlagen der seriellen Realität gegenübergestellt.

4.5 Die Macht der Musik

Wie bereits an unterschiedlichen Beispielen gezeigt, nutzen vor allem die Musical-Folgen "Once more with Feeling", "The Bitter Suite" und "My Musical" den Genre-Wechsel und das damit verbundene Ausbrechen ihrer Charaktere in Gesang und Tanz als Möglichkeit der Charakterisierung und Beschreibung der Emotionen in einem Maße, das Michael Dunne als außergewöhnlich und unerwartbar beschreibt: "What we would not expect is that so much of the characterization and action of the series would be accomplished through singing and dancing."[328] Bei genauerer Betrachtung zeigt sich allerdings, dass diese intensivere Charakterisierung und Beschreibung der Emotionen nicht alleine dem Ausbrechen in Gesang und Tanz oder der von Jane Feuer beschriebenen Intensivierung von Sprache durch Gesang geschuldet ist, sondern zusätzlich einer für die jeweilige Serie ungewöhnlichen Zentralität der Nebencharaktere und einer Konzentration auf die ansonsten nur nebenbei verhandelten oder erwähnten Beziehungskonstellationen durch die Form des Musicals.
In "Once more with Feeling" beispielsweise bekommen neben Buffy sowohl Giles und Spike als auch Tara ein musikalisches Solo. Diana Sanders und Rhonda W. Wilcox definieren diese Soli wie folgt: "[A]ll perform musical numbers that are defined as 'introspective performances,' where 'a sole character performs to no coded audience,' unheard by the other characters in the diegesis."[329] In Taras bereits beschriebener Liebesballade beispielsweise zeigt sich durch die einleitenden Worte von Willow, wie die Figur Tara im bisherigen Verlauf der Serie konstruiert wurde. Als Willow

[328] Dunne, Michael 2004, S. 181.
[329] Sandars, Diana/Wilcox, Rhonda V. 2010, S. 196.

feststellt, dass die vorbeilaufenden Jungs mit Tara flirten, antwortet Tara: "I know exactly what they see in me, you." Diese kurze Ausführung beschreibt sehr deutlich die bisherige Funktion Taras als zusätzliche Charakterisierung Willows.[330] Dieses Verhältnis ändert sich in der musikalischen Einlage. Diana Sanders und Rhonda W. fassen dies erneut, wie folgt zusammen:

> The conventions of the musical in 'Once More, with Feeling' provide Tara with the ability to function as a character in her own right: the musical's performance conventions that subvert the realist narrative permit Tara a voice and position of authority otherwise denied to her.[331]

Hinzu kommt die Darstellung und Visualisierung der Beziehung von Willow und Tara als eindeutig sexuell, wogegen im normalen Verlauf der Serie die Beziehung der beiden zwar durchaus ersichtlich ist, keinesfalls aber mit der expliziten Darstellung in "Under your Spell" vergleichbar ist, die Joss Whedon selbst im Audio-Kommentar der Episode wie folgt beschreibt: "This is pornography. And there's nothing I can say to change your mind about that fact. It's probably the dirtiest lyric I've ever written. But it's also very, very beautiful."

Ähnliches zeigt sich in der musikalischen Einlage von Spike, dessen Gefühle für Buffy im bisherigen Verlauf der Serie entweder als peinlich oder belustigend verhandelt wurden. Diese Thematik erfährt durch Spikes Solo-Performance nicht nur eine Umdeutung, sondern ermöglicht ihm die Beschreibung seiner Gefühle, während Buffy gleichzeitig zum Zuhören gezwungen wird. Diese Form der Autorität bleibt Spike im normalen Verlauf der Serie vorenthalten.

In "My Musical" finden sich ebenfalls musikalische Einlagen, die in gewisser Weise als Variationen der sich innerhalb der Serie wiederholenden, häufig allerdings nur am Rande thematisierten Beziehungskonstellationen gesehen werden können. In dem Lied "Guy Love" beispielsweise steht, wie der Titel bereits ankündigt, J.D.s und Turks Männerfreundschaft im Zentrum. Im Verlauf der Serie wird das spezielle, häufig auch doppeldeutige Verhältnis der beiden durchaus gezeigt. Durch die musikalische Einlage jedoch wird die Ironie und Doppeldeutigkeit dieser Freundschaft nicht nur gezeigt, sondern selbst thematisiert.

J.D.: Let's face the facts about me and you,
a love unspecified.
though I'm proud to call you Chocolate Bear,
the crowd will always talk and stare.

---

[330] Vgl. ebd., S. 198.
[331] Ebd., S. 198.

Turk:	I feel exactly those feelings, too and that's why I keep them inside. 'cause this bear can't bear the world's disdain, and sometimes it's easier to hide, than explain our
Beide:	Guy love, That's all it is, guy love, he's mine, I'm his, there's nothing gay about it in our eyes.[332]

Durch die Begrenzung der musikalischen Einlagen auf die Wahrnehmung der Patientin Patti Miller, und dem mit dem Wechsel zum Musical einhergehenden Perspektivwechsel auf einen ansonsten nicht anwesenden Charakter, fungieren die verschiedenen musikalischen Einlagen in "My Musical" gleichzeitig als Variationen und Wiederholungen der Beziehungskonstellationen, die der Serie zugrunde liegen. An die häufig durch J.D.s Augen erzählte Geschichte tritt die Perspektive der Patientin Patti Miller auf die Beziehungen und Charaktere der Serie. Neben dem beschriebenen Beispiel wird dies ebenfalls in dem Lied "The Rant Song" deutlich, indem J.D.s Beziehung zu Dr. Cox und dem Hausmeister thematisiert wird:

J.D.:	Dr. Cox, huge news! I pulled some strings, and got the parking spot right behind yours! Bumper Buddies.
Dr. Cox:	Still, you're not nearly as bad as her. Do you know how much you annoy me? The answer is a lot. Should I list the reasons why? Well I don't see why not. It's your hair, your nose, your chinless face, you always need a hug. Not to mention all the manly appletinis that you chug. That you think I am your mentor just continues to perplex. And oh my god, stop telling me when you have nerdy sex! [...]
The Janitor:	It all started with a penny in the door. There was a hatred I had never felt before. So now I'll make him pay, each and every day. Until that mousse-haired little nuisance is no more.[333]

[332] *Scrubs*, Staffel 6, Episode 6 "My Musical" 00:14:27 – 00:15:08.
[333] *Scrubs*, Staffel 6, Episode 6 "My Musical" 00:09:17 – 00:10:48.

In "The Bitter Suite" sorgt die Adaption des für Musicals typischen Parallelismus, ähnlich den musikalischen Einlagen von Tara und Spike in "Once more with Feeling", für eine bis zu diesem Zeitpunkt der Serie unübliche Autonomie des Charakters der Gabrielle. Im normalen Verlauf der Serie wird Gabrielle häufig als Xenas *sidekick* charakterisiert. Xena entscheidet, was wann und wie getan wird, während Gabrielle ihr folgt und in schwierigen Situationen zur Seite steht. In "The Bitter Suite" stehen nun neben Xenas Verlusten und Enttäuschungen auch Gabrielles Opfer und Entbehrungen gleichberechtigt im Zentrum der Folge, was sich unter anderem in der Konstruktion der einzelnen Lieder zeigt, in denen Gabrielle und Xena abwechselnd singen. Gabrielle selbst thematisiert im Verlauf der Folge diese Problematik:

Gabrielle: What if you're wrong
Xena: You got any better ideas?
Gabrielle: You're asking me? Well that's the first.
You know ever since we've met you've always made the decisions.
Xena: Because you always take so long to reach one.[334]

An dieser Stelle sei auch erwähnt, dass vor allem im Kontext der Serie *Xena: Warrior Princess* häufig auf die Möglichkeit alternativer Lesarten der Serie verwiesen wird, deren Ausführungen zufolge Xena und Gabrielle nicht nur gute Freunde, sondern in Wirklichkeit ein lesbisches Liebespaar sind. Mary Jo Lodge beispielsweise beschreibt deren Beziehung im Kontext der Musical-Folge "The Bitter Suite" in ihrem Aufsatz "Beyond Jumping the Shark: The new television musical" folgendermaßen:

> Xena and Gabrielle, long coupled in a relationship generally acknowledged as having lesbian overtones, reconcile the grievous differences that have come between them in 'The Bitter Suite' and admit 'they'll grow stronger side by side' in 'Hearts are Hurting', a sequence which ultimately concludes with Xena and Gabrielle rolling together in the surf.[335]

Ohne ausführlich auf die Bedeutung oder die Konstruktion von *subtext* im Kontext der Serie *Xena: Warrior Princess* eingehen zu können,[336] scheint doch zumindest im Zusammenhang der Musical-Folge "The Bitter Suite" eine alternative Lesart der Episode möglich, nicht zuletzt durch deren recht strikte Adaption des Prinzips des dual-*focus narrative* mit der Zentralität des Paares, wenn auch eines gleichgeschlechtlichen, durch das beschriebene Happy End, in dem sich Gabrielle und Xena in den

[334] *Xena: Warrior Princess*, Staffel 3, Episode 12 "The Bitter Suite" 00:26:33 – 00:26:46.
[335] Lodge, Mary Jo 2007, S. 302.
[336] Zur Untersuchung der Bedeutung von *subtext* für die Serie *Xena: Warrior Princess* siehe: Foerst, Angelika. Subtext Matters: The Queered Curriculum Behind The Warrior Princess. Arizona, 2008.

Armen liegen, oder durch deren Liebeserklärung im gemeinsamen Refrain des Duetts:

Beide: We'll overcome our damaged past
and we'll grow stronger side by side
to stand together through the storms
we're safe cause love will be our guide.[337]

Diesen Ausführungen folgend, nutzen speziell die hier beschriebenen Musical-Folgen das Ausbrechen ihrer Charaktere in Gesang und Tanz nicht einfach nur zur Beschreibung der Gefühlszustände, sondern sie nutzen die musikalischen Einlagen zusätzlich zu einer Charakterisierung derjenigen Charaktere, die im normalen Verlauf der Serie nicht im Zentrum der Aufmerksamkeit stehen. In "Once more with Feeling" und "The Bitter Suite" bekommen Tara, Spike und Gabrielle nicht nur eine Stimme, die ihnen ansonsten verwehrt bleibt, die Charaktere, zu denen sie singen, sind gleichzeitig zum Zuhören gezwungen, auch wenn im Falle von Buffy und Willow fraglich bleibt, ob sie wirklich verstehen, was sie hören. Zudem werden in den beschriebenen Folgen die den Charakteren zugrunde liegenden Beziehungskonstellationen nicht nur beschrieben, sondern auch durch eine zusätzliche Konkretisierung ergänzt. Die Musical-Folgen wiederholen hier nicht nur die zentralen Verbindungen der Charaktere, sondern sind durch den Wechsel zum Musical in der Lage, die Beziehungen genauer, konkreter und vielschichtiger zu zeichnen.

4.6 Die Musical-Folge und das Gedächtnis der Serie

Wie bereits im theoretischen Teil erwähnt, ist das Verhältnis von Erinnern und Vergessen für die Form der Serie zentral. Die Musical-Folge einer Serie, die formal eine hervorstechende Sonderstellung im Serienverlauf einnimmt und sich durch ihre musikalische und tänzerische Gestaltung eindeutig von den anderen Episoden absetzt, ist in diesem Kontext besonders spannend. Interessant ist es deswegen, danach zu fragen, wie und ob die Musical-Folge innerhalb der Serie erinnert wird.

Der Umgang der Serie *That '70s Show* mit ihrer Musical-Folge operiert genau nach Lorenz Engells Ausführungen zur Episodenserie, für die er konstatiert, dass die einzelne Episode erinnert, während die Serie als Ganzes vergisst.[338] Ohne hier alle folgenden Serien der Episodenserie zuordnen zu wollen, gilt für die Musical-Folgen der Serien *Chicago Hope, Scrubs, 7th Heaven* und zumindest bis zum heutigen Zeitpunkt

[337] *Xena: Warrior Princess*, Staffel 3, Episode 12 "The Bitter Suite" 00:34:04 – 00:34:29.
[338] Engell, Lorenz 2011, S. 120.

(die Serie umfasst noch mindestens eine unausgestrahlte Staffel) für die Musical-Folge der Serie *Grey's Anatomy* dasselbe Prinzip. Nur die Serien *Buffy the Vampire Slayer* und *Xena: Warrior Princess* nehmen im Kontext der Frage nach der Erinnerung der Musical-Folge innerhalb der kompletten Serie einen Sonderstatus ein. In der fünften Folge der siebten Staffel ("Selfless") der Serie *Buffy the Vampire Slayer* wird nicht nur auf die Existenz der Musical-Folge verwiesen, sie wird sogar um eine weitere musikalische Einlage ergänzt. Im Zentrum der Episode steht Anya, die nach dem Scheitern ihrer Hochzeit mit Xander erneut zu einem Rachedämon wird. Innerhalb der Folge wird mit Hilfe zahlreicher *flashbacks* erzählt, wie sie einst zu einem Rachedämonen wurde. Um an ihren alten Ruhm anzuschließen und um unter den anderen Dämonen nicht länger als verweichlicht zu gelten, begeht Anya innerhalb der Folge eine brutale Tat, die zwölf Studenten das Leben kostet. Buffy, die wusste, dass dieser Tag kommen könnte, macht sich auf, um ihre Freundin und Xanders ehemalige Verlobte zu töten. Als Buffy Anya im Kampf ein Schwert durch die Brust rammt, wird die Szene durch einen erneuten *flashback* unterbrochen, der mit einer Titeleinblendung Sunnydale 2001 zeitlich markiert wird. Am Anfang der Sequenz ist die Kamera auf Xander gerichtet, der auf seinem Sessel schlafend "just want a happy ending"[339] vor sich hinmurmelt. Im Hintergrund erscheint Anya, die vom Sofa aufsteht und ihren schlafenden Verlobten fragt, ob er das Singen nicht auch komisch fand. Xander jedoch schläft einfach weiter, während Anyas Aufmerksamkeit von einem von draußen erklingenden Lied erfasst wird:

Mustard Man:	Oh, no. Mustard on my shirt.
Parking Ticket Woman:	Mustard. I'll never get it out.
Mustard Man:	My favorite red shirt.
Parking Ticket Woman:	Dry clean it.
Mustard Man:	How could you serve...
Beide:	Mustard.[340]

Die kurze musikalische Einlage bietet einerseits etwas mehr Hintergrundinformation zu dem in "Once more with Feeling" gesungenen "Mustard Song" und markiert die Sequenz gleichzeitig als einen bisher noch ungesehenen Teil der Musical-Folge. Im Anschluss an das von draußen hereinklingende Lied fängt Anya selbst an zu singen. In ihrem Lied "Mrs" bekräftigt sie einmal mehr, in Xander den Mann ihres Lebens gefunden zu haben und ihre Freude darüber, tatsächlich bald eine Braut zu sein. An

[339] *Buffy the Vampire Slayer*, Staffel 7, Episode 5 "Selfless" 00:30:02 – 00:30:04.
[340] *Buffy the Vampire Slayer*, Staffel 7, Episode 5 "Selfless" 00:30:28 – 00:30:40.

diesem Punkt der Serie ist allerdings, wie bereits erwähnt, klar, dass Xander und Anya nicht heiraten werden. Über die bloße Referenz hinaus fungiert der *flashback* zur Musical-Folge hier, um Anyas Schmerz über die gescheiterte Hochzeit zu verdeutlichen und um zu zeigen, was der Verlust der Beziehung mit Xander wirklich für sie bedeutet.

In der Folge "Forget Me Not" (Staffel 3, Episode 17) der Serie *Xena: Warrior Princess* wird neben einigen Ausschnitten aus anderen Episoden auch ein Ausschnitt aus der Musical-Folge "The Bitter Suite" erneut verwendet. Gabrielle ist von den Ereignissen der letzten Monate (ihrer Schuld an Solans Tot, ihr Streit mit Xena) und ihren Erinnerungen daran überfordert. Sie sucht den Tempel der Göttin der Erinnerungen auf, um dem Ursprung ihres Leidens auf die Spur zu kommen. Die Göttin der Erinnerungen erklärt ihr, dass ihr Gedächtnis aus drei Flüssen besteht, die sie alle durchqueren muss, um den Ursprung ihres Leidens zu finden. Wenn sie ihre Antwort gefunden hat, kann Gabrielle entscheiden, ob sie ihre Erinnerungen behalten möchte oder für immer vergessen will. Durch ein Ritual wird sie von der Göttin der Erinnerungen in die Welt des Gedächtnisses überführt und in der seriellen Wirklichkeit zurück bleibt vorerst nur Gabrielles Körper ohne jegliche Erinnerungen. Kurz vor der Überquerung des dritten Flusses stellt Ares Gabrielles und Xenas Freundschaft in Frage, woraufhin Gabrielle ihm antwortet: "We were lost once [...], but we found ourselves,"[341] und mit diesen Worten die Rückblende zu "The Bitter Suite" einleitet. Zu sehen sind dabei erneut und ohne Veränderung oder Aktualisierung die musikalischen Einlagen "Hate is the Star" und der zweite Teil des Duetts "Hearts are Hurting".

Obwohl sich die beiden behandelten Episoden aus *Xena: Warrior Princess* und *Buffy the Vampire Slayer*, in denen die jeweiligen Musical-Folgen wieder aufgegriffen werden, deutlich unterscheiden, teilen sie doch eine Gemeinsamkeit: die thematische und formale Zentralität des Erinnerns. In "Selfless", gekennzeichnet durch die Verwendung mehrerer *flashbacks*, von denen einer sich auf die Musical-Folge bezieht, stehen Anyas Erinnerungen im Zentrum der Folge. In "Forget Me Not" steht ebenfalls Gabrielles Erinnerung im Zentrum der Episode. Neben der musikalischen Einlage aus "The Bitter Suite" werden hier weitere Sequenzen aus anderen Episoden in einem neuen Kontext wiederholt.

---

[341] *Xena: Warrior Princess*, Staffel 3, Episode 12 "Forget Me Not" 00:26:35 – 00:26:42.

In *Xena: Warrior Princess* findet sich neben der expliziten Wiederholung einzelner Sequenzen der Musical-Folge in "Forget Me Not" eine weitere Folge, die auf "The Bitter Suite" verweist: "Paradise Found". Zu Beginn der Folge stürzen Gabrielle und Xena in einer Höhle in ein tiefes Loch und erwachen im nächsten Augenblick auf einer grünen Wiese. Gabrielle fragt Xena: "Do you know what this place reminds me off?"[342] und Xena antwortet: "Illusia, but so far the only music I've heard is the birds singing."[343] Die beiden machen sich auf den Weg zu Aidan, dem ortsansässigen Guru, um herauszufinden, wo genau sie sich befinden. Musikalisch wird ihr Weg zum Tempel dabei von einer Variation des Einführungsliedes von Illusia aus "The Bitter Suite" begleitet. Innerhalb "Paradise Found" dient die Referenz auf die Musical-Folge, um – in Anlehnung an Illusia – eine andere, aber ähnlich fantastische Zwischenwelt zu etablieren.
Die zweite Musical-Folge "Lyre, Lyre, Hearts on Fire" der Serie *Xena: Warrior Princess* bleibt allerdings, wie die Musical-Folgen der Serien *Chicago Hope, Scrubs, That '70s Show, Grey's Anatomy* und *7th Heaven,* im weiteren Verlauf der Serie unerwähnt.

4.7 Faszination Musical

Während sich, wie ausführlich dargelegt, die Musical-Folgen zeitgenössischer US-amerikanischer Serien deutlich in der Verwendung der Form des Musicals unterscheiden, sei an dieser Stelle auf eine serienübergreifende Gemeinsamkeit verwiesen, die nicht zuletzt als Grund für den häufigen Wechsel zum Musical in Betracht zu ziehen ist. Das Hollywood-Musical, wie von Altman und auch Gilles Deleuze beschrieben, zeichnet sich unter anderem dadurch aus, dass innerhalb der musikalischen Einlagen eine Verschiebung oder Transformation der ansonsten geltenden Regeln und Konventionen ermöglicht wird – von Altman beschrieben als die Umkehr der Bild/Ton-Hierarchie und von Gilles Deleuze als das Ersetzen der Verbindung optisch-akustischer Situationen durch eine Bewegung der Welt. Betrachtet man in diesem Zusammenhang erneut die musikalischen Einlagen der verschiedenen Serien, wird genau von diesem Phänomen des Musicals Gebrauch gemacht. In der Folge "Red Socks" der Serie *7th Heaven* trifft Annie Camden auf die neue Freundin ihres Sohnes und versucht ihr in der musikalischen Einlage Gott näher zu bringen. Die Musik setzt ein und sie beginnt zu singen, während um die beiden herum im Verlaufe

[342] *Xena: Warrior Princess*, Staffel 4, Episode 13 "Paradise Found" 00:05:58 – 00:06:00.
[343] *Xena: Warrior Princess*, Staffel 4, Episode 13 "Paradise Found" 00:06:01 – 00:06:07.

des Liedes immer mehr Passanten plötzlich anfangen zu tanzen. Die Kamera bewegt sich dabei im Rhythmus der Musik frei durch den Raum bis zum Ende der musikalischen Einlage und der Wiederherstellung der Ordnung. Ein ähnliches Vorgehen zeichnet sich in der Liebeserklärung von Ruthies Freund. Die beiden befinden sich am Rande eines Baseballfeldes, das er betritt und zu singen beginnt. Um ihn herum gruppieren sich nach und nach die anwesenden Spieler und beginnen ebenfalls zu tanzen.

In der Folge "Song Beneath the Song" werden, wie erwähnt, die musikalischen Einlagen immer wieder durch nicht-musikalische Szenen unterbrochen. In den Momenten der musikalischen Einlage zeigt sich dennoch, wenn auch häufig nur sehr kurz, eine Umkehr der Bild/Ton-Hierarchie. In Callies letztem großen Solo der Folge beispielsweise singt sie direkt zur Kamera, die sich um sie herum dreht. Die Kamerabewegungen sind dabei erneut auf den Rhythmus der Musik geschnitten. Die Kamera folgt Callie auf ihrem Weg durchs Krankenhaus, der durch plötzliche Raumwechsel gekennzeichnet ist, die wiederum durch die musikalische Einlage möglich sind und nicht länger allein einem kausalen Zusammenhang oder einer logischen Motivation unterliegen. Ähnliche Beispiele finden sich natürlich auch in den ausführlich beschriebenen Folgen "Once more with Feeling", "The Bitter Suite" und "My Musical". In dem Lied "I've got a Theory" der Folge "Once more with Feeling" etwa zeigt sich neben der beschriebenen Funktion zum Vorantreiben der Narration ebenfalls eine Faszination für die Möglichkeit der formalen Bildgestaltung jenseits der ansonsten geltenden Beschränkungen und Konventionen. Anya bricht während der Erläuterung ihrer Theorie im Gegensatz zu den anderen Charakteren plötzlich aus sich heraus und schreit ihre Überzeugung, dass Hasen der Ursprung allen Übels sein müssen, in Form einer kleinen Rock-Einlage heraus. Mit dem Beginn ihres Einsatzes dunkelt sich der Raum um sie herum ab und das gerade noch natürliche Licht wird durch Scheinwerfer ersetzt – ganz so, als würde Anya mitten auf einer Bühne stehen. Die Kamera bewegt sich frei um sie herum, folgt dem Rhythmus der Musik, verändert dabei die Perspektive, zoomt rein und raus, bis die kurze Einlage zu Ende geht. Bereits beschrieben wurde in diesem Zusammenhang die Folge "That '70s Show Musical", die ebenfalls in ihren musikalischen Einlagen die ansonsten im Kontext der Serie geltenden Konventionen der Bildgestaltung aufbrechen. In den musikalischen Einlagen ist die bildliche Gestaltung nicht länger einer logisch-narrativen Motivation untergeordnet. Es kommt dementsprechend in den verschiedenen Musical-Folgen zu einer Veränderung des Verhältnisses von Form und Inhalt. Diese Inversion von Form und Inhalt beschreibt Caldwell als zentrales Element der von ihm aufgestellten Thesen zur Televisualität. Die Form des Musicals scheint sich speziell in diesem Zusammenhang als intertextuelle Referenz anzubieten, da für die Form des Musicals selbst bereits eine Umkehr des Verhältnisses von Form und Inhalt konstitutiv ist. In den meisten Musical-Folgen beschränkt sich diese Referenz zur Form des Musicals allerdings auf das, wie ebenfalls von Caldwell attestierte, "Prahlen", ohne über die bloße Nachahmung hinaus weitere Konsequenzen für die Struktur, insbesondere die Erzählstruktur der einzelnen Folgen, zu haben. Wie die Analyse gezeigt hat, stehen dieser folgenlosen Integration der Form des Musicals, der rein stilistischen Nachahmung, lediglich die Folgen "Once more with Feeling", "The Bitter Suite" und "My Musical" gegenüber.

4.8 Zusammenfassung

Im Kontext der Analyse von Musical-Folgen zeitgenössischer US-amerikanischer TV-Serien zeigen sich deutliche Unterschiede in der Integration der Form des Musicals in den verschiedenen Serien. Auf einer ersten Ebene zeigt sich, dass alle Musical-Folgen den Versuch unternehmen, den Wechsel zum Musical zu erklären. Die jeweiligen Erklärungen unterscheiden sich jedoch grundlegend. Die Musical-Folgen "Red Socks", "That '70s Show Musical", "Lyre, Lyre, Hearts on Fire" verorten ihre Erklärung innerhalb der einzelnen Folge, ohne dass diese auch im Gesamtkontext der Serie nachvollziehbar ist, wohingegen "Once more with Feeling", "My Musical", "Brain Salad Surgery" und "The Bitter Suite" ihre Erklärung ebenfalls in der einzelnen Episode liefern, diese jedoch zusätzlich auch innerhalb der Serie als Ganzes logisch etabliert ist. Eine gewisse Sonderstellung nimmt die Musical-Folge "Song Beneath the Song" ein, die zwar ebenfalls eine schlüssige Erklärung sowohl innerhalb der Episode als auch im Kontext des Serienganzen gibt, diese Erklärung aber im Verlauf der Episode ad absurdum führt.

Große Unterschiede zeigen sich zudem in der Integration der Form des Musicals. Die Serien *7th Heaven*, *That '70s Show*, *Chicago Hope*, *Grey's Anatomy* und auch *Xena: Warrior Princess* (zumindest in Bezug auf die Musical-Folge "Lyre, Lyre, Hearts on Fire") nutzen das Genreexperiment als stilistische Variation, als einmalige Abkehr von der ansonsten üblichen Form der Präsentation ihrer Geschichten, verbleiben aber im Verlauf der Episode eben auch auf dieser Ebene und haben darüber hinaus innerhalb der einzelnen Folge keine Konsequenzen für die Gestaltung der Erzählstruktur. Demgegenüber stehen die Folgen "Once more with Feeling", "The Bitter Suite" und "My Musical", die zwar ebenfalls Bezüge zur stilistischen Extravaganz des Musicals aufweisen, darüber hinaus aber auch beispielsweise das für das Musical zentrale duale Prinzip der Narration integrieren, das sie in den musikalischen Einlagen der seriellen Realität gegenüberstellen und in dieser Form der Gegenüberstellung auch thematisieren. Der eine Teil der Musical-Folgen lässt sich dementsprechend mit dem von Caldwell beschriebenen Phänomen der stilistischen Maskerade beschreiben, während die anderen Musical-Folgen über die visuelle Adaption hinaus die Erzählstrukturen des Hollywood-Musicals integrieren und diese zusätzlich in den Gesamtkontext der jeweiligen Serie einbinden, ansichtig beispielsweise am Umgang von "Once more with Feeling" mit der fürs Musical zentralen Zusammenführung der sich gegenüberstehenden Welten am Ende der Episode durch eine im Kontext der Serie wichtige, wenn auch zugleich desaströse Offenbarung anstelle eines für die Form des Musicals üblichen Happy Ends. Schlussendlich wird die Form des Musicals in die einzelne Folge integriert, der Gesamtzusammenhang der Serie bleibt dabei aber der Rahmen, in den die Musical-Folgen eingeordnet werden. Dies zeigt sich beispielsweise auch in der Integration der einzelnen Folge in den Gesamtkontext der Serie: "The Bitter Suite", "Once more with Feeling" und "My Musical" treten innerhalb der jeweiligen Serie zu einem vergleichbaren Zeitpunkt auf, an dem die der Serie zugrunde liegenden Beziehungskonstellationen durch noch unartikulierte Differenzen oder Geheimnisse gefährdet sind. Diese drei Musical-Folgen erfüllen in ihrer Einordnung serienübergreifend dieselbe Funktion: Erst durch das Ausbrechen in Gesang und Tanz, durch den Wechsel zur Musik, können die im Raum stehenden Geheimnisse und Differenzen geäußert werden. Demgegenüber stehen erneut die Musical-Folgen "Red Socks", "That '70s Show Musical", "Brain Salad Surgery", "Song Beneath the Song" und "Lyre, Lyre, Hearts on Fire", denen zumindest hier keine auf die Form des Musicals zurückzuführende Funktion innerhalb der Serie als Ganzes attestiert werden kann. Neben der Artikulation der Emotionen der Charaktere und der Darstellung ihrer seelischen Befindlichkeit durch die Musik vor allem in "The Bitter Suite" und "Once more with Feeling" erfahren die Nebencharaktere durch den Wechsel zum Musical sowie eigene musikalische Einlagen eine Aufwertung im Gesamtkontext der Serie. Hinzu kommt die Thematisierung ansonsten nur nebenbei verhandelter Handlungsstränge sowohl in "The Bitter Suite" und "Once more with Feeling" als auch der Musical-Folge "My Musical".

Bei der Untersuchung der Musical-Folgen im Zusammenhang mit dem Seriengedächtnis sind "Once more with Feeling" und "The Bitter Suite" die einzigen beiden Folgen, die im weiteren Verlauf der jeweiligen Serie erinnert werden. Sowohl in der

Folge "Selfless" der Serie *Buffy the Vampire Slayer* als auch in der Folge "Forget Me Not" der Serie *Xena: Warrior Princess,* die sich nochmals auf die jeweiligen Musical-Folgen beziehen, kann die Erinnerung als zentrale Thematik ausgewiesen werden. In der Episode "Paradise Found" der Serie *Xena: Warrior Princess* findet sich eine weitere Referenz auf die Musical-Folge "The Bitter Suite", um eine ähnliche, fantastische Zwischenwelt zu etablieren wie Illusia.
Im Zusammenhang mit der Frage nach der Beliebtheit der Musical-Folgen zeigt sich, dass in den musikalischen Einlagen und durch den Wechsel zum Musical serienübergreifend von der Möglichkeit zur Umkehr des Verhältnisses von Form und Inhalt Gebrauch gemacht wird. Die bildliche Gestaltung der einzelnen Szenen der musikalischen Einlagen unterliegt durch die Form des Musicals nicht länger einer logisch-narrativen Motivation. Die bildliche Gestaltung wird der Musik untergeordnet und dabei aus den kausalen Beschränkungen der Diegese befreit, wodurch sich die Möglichkeit zur Reflektion der Musik im Bild selbst ergibt. Unter anderem liegt genau darin die Faszination mit der Form des Musicals.

5 Fazit

Ziel dieser Untersuchung war es, eine erste serienübergreifende Analyse des Phänomens der Musical-Folgen in zeitgenössischen US-amerikanischen Serien zu leisten. Im Zentrum standen die Frage nach der Integration der Musical-Folgen in den Gesamtzusammenhang der jeweiligen Serie, die Frage nach dem reflexiven Potential des Wechsels zum Musical vor allem im Kontext der vielfach beschriebenen Steigerung der Komplexität der seriellen Narration sowie die Frage nach möglichen Gründen für die Beliebtheit der Form des Musicals im Kontext des Phänomens der *special episodes*.

In der Auseinandersetzung mit den verschiedenen Musical-Folgen hat sich dabei auf einer ersten Ebene gezeigt, dass die größte Schwierigkeit unter anderem darin besteht, serienübergreifende Aussagen und Thesen zur Integration und zum reflexiven Potential aufzustellen. Serien wie *7th Heaven*, *That '70s Show* sind nur schwer vergleichbar mit Serien wie *Buffy the Vampire Slayer* oder *Xena: Warrior Princess*. Dementsprechend groß waren und sind die Unterschiede in der Verwendung und Gestaltung der einzelnen Musical-Folgen. Angefangen bei der Tatsache, dass nur die Musical-Folgen "Once more with Feeling", "The Bitter Suite" und "My Musical" Originalmusik verwenden, während die anderen Folgen auf bereits veröffentlichte Lieder zurückgriffen, bis hin zur ebenfalls nur in diesen Folgen geleisteten Verwendung der musikalischen Einlagen zum Vorantreiben der Narration.

Schlussendlich kann der Musical-Folge als serienübergreifendes Phänomen keine generelle Funktion attestiert werden, die über das bereits von Caldwell attestierte Phänomen der visuellen Nachahmung filmischer Formen hinausreicht, auch wenn einzelne Folgen eine durchaus ambitioniertere und auch reflexive Integration der Form des Musicals leisten. Dies scheint aber eher dem generellen Operieren der Serie als dem Bezug zum Musical geschuldet zu sein. In der Serie *Buffy the Vampire Slayer* beispielsweise finden sich neben der Musical-Folge "Once more with Feeling" auch Episoden, die sich durch einen ähnlichen Bruch mit den ansonsten geltenden seriellen Konventionen auszeichnen. Erwähnt sei in diesem Zusammenhang die Folge "Hush", in der ganz ohne Dialoge erzählt wird, oder die Folge "The Body", in der gänzlich auf die ansonsten übliche Verwendung von Musik verzichtet wird.

Bei der Frage nach der Beliebtheit des Bezugs zum Musical in Form einer *special episode* zeigt sich, dass die Form des Musicals einige Besonderheiten bietet, die speziell in diesem Zusammenhang serienübergreifend zum Einsatz kommen. Zum einen markiert schon alleine das plötzliche Ausbrechen der Charaktere in Gesang und Tanz innerhalb einer Folge einen deutlichen, offensichtlichen und unüberhörbaren Bruch zu den der Musical-Folge vorausgehenden Episoden, in denen die Charaktere eben nicht singen und tanzen. Hinzu kommt die in der Form des Musicals unter anderem von Altman und Deleuze beschriebene, eingeschriebene Möglichkeit zur Inversion von Form und Inhalt. Insbesondere die musikalischen Einlagen bieten die Möglichkeit, die ansonsten hauptsächlich durch die kausalen Zusammenhänge der Diegese bestimmte visuelle Gestaltung durch eine nur noch der Musik untergeordnete Bildbehandlung zu ersetzen. So scheint das Musical als Bezugsform vor allem auch im Kontext der von Caldwell aufgestellten Thesen zur Televisualität und der darin beschriebenen Tendenz zum visuellen Exzess eine passende Bezugsgröße darzustellen. Dementsprechend eng ist die Verbindung der Integration der Form des Musicals mit dem Auftreten von *special episodes*, so dass es nur eine Frage der Zeit bleibt, bis nach dem aktuellsten Beispiel von *Grey's Anatomy* die nächste Serie den Rückgriff zur Form des Musicals wagen wird. Fraglich bleibt allerdings, ob der Rückbezug zum Musical dabei für mehr als nur den einmaligen Spaß am visuellen Exzess stehen wird.

6 Bibliografie

Abbot, Stacey. *The Cult TV Book.* London, New York: I.B. Tauris & Co Ltd, 2010.

Adelmann, Ralf/Stauff, Markus. "Ästhetiken der Re-Visualisierung. Zur Selbststilisierung des Fernsehens". In: Fahle, Oliver/Engell, Lorenz (Hg.). *Philosophie des Fernsehens.* München: Wilhelm Fink Verlag, 2006. S. 55-76.

Albright, Richard. "'[B]reakaway pop hit or ... book number?': 'Once More with Feeling' and Genre". In: *The Online International Journal of Buffy Studies.* Vol. 5/Nr. 1, Juni 2005. Online einsehbar unter:
http://slayageonline.com/essays/slayage17/Albright.htm (Zugriff: 19.02.2012)

Allrath, Gaby/Gymnich, Marion/Surkamp, Carola. "Introduction: Towards a Narratology of TV Series". In: Allrath, Gaby/Gymnich, Marion (Hg.). *Narrative Strategies in Television Series.* New York, 2005. S. 1-43.

Altman, Rick. *The American Film Musical.* Bloomington & Indianapolis: Indian University Press, 1987.

Arroyo, José. "How Do You Solve a Problem Like Von Trier?". In: *Sight and Sound.* Vol. 10/Nr. 9, September 2000. Online einsehbar unter:
http://www.bfi.org.uk/sightandsound/feature/53 (Zugriff: 12.02.2012)

Bauer, Amy. "'Give Me Something to Sing About'. Intertextuality and the Audience in ‚Once More, with Feeling'." In: Attinello, Paul/Halfyard, Janet K./Knights, Vanessa (Hg.). *Music, Sound, and Silence in Buffy the Vampire Slayer.* Burlington: Ashgate Publishing Company, 2010. S. 209-243.

Bawden, Liz-Anne. *The Oxford Companion to Film.* Oxford: University Press, 1976.

Bleicher, Joan Kristin. *Fernsehen als Mythos. Poetik eines narrativen Erkenntnissystems.* Wiesbaden: Westdeutscher Verlag GmbH, 1999.

Caldwell, John Thornton. *Televisuality: style, crisis, and authority in American Television.* New Jersey: Rutgers University Press, 1995.

---- "Televisualität". In: Adelmann, Ralf et al. (Hg.). *Grundlagentexte zur Fernsehwissenschaft.* Konstanz: UVK Verlagsgesellschaft mbH, 2002. S. 165-202.

Cavell, Stanley. "Die Tatsache des Fernsehens". In: *Grundlagentexte zur Fernsehwissenschaft.* Konstanz: UVK Verlagsgesellschaft mbH, 2002. S. 125-164.

Deleuze, Gilles. *Das Zeit-Bild. Kino 2.* Frankfurt am Main: Suhrkamp Taschenbuch Verlag, 1991.

Dunne, Michael. *American Film Musical Themes and Forms.* North Carolina: McFarland & Company, 2004.

Dyer, Richard. "Entertainment and Utopia". In: Altman, Rick. *Genre: The Musical.* London: Routledge & Kegan Paul, 1981. S. 175-189.

Eco, Umberto. "Die Innovation im Seriellen". In: Eco, Umberto. *Über Spiegel und andere Phänomene.* München, 1990. S. 155-180.

Ellis, John. "Fernsehen als kulturelle Form". In: Adelmann, Ralf et al. (Hg.). *Grundlagentexte zur Fernsehwissenschaft.* Konstanz: UVK Verlagsgesellschaft mbH, 2002. S. 44-73.

Engell, Lorenz. "Das Amedium. Grundbegriffe des Fernsehens in Auflösung: Ereignis und Erwartung". In: *montage/av*, Jahrgang 5. Heft 1, 1996. S. 129-153.

---- "Erinnern/Vergessen. Serien als operatives Gedächtnis". In: Blanchet, Robert/Köhler, Kristina (Hg.). *Serielle Formen.* Marburg: Schüren Verlag GmbH, 2011. S. 115-132.

Fahle, Oliver/Engell, Lorenz. "Philosophie des Fernsehens – Zur Einführung". In: Fahle, Oliver/Engell, Lorenz (Hg.). *Philosophie des Fernsehens.* München, 2006. S. 7-19.

Feuer, Jane. "The Self-reflective Musical and the Myth of Entertainment". In: Altman, Rick. *Genre: The Musical.* London: Routledge & Kegan Paul, 1981. S. 159-174.

---- *The Hollywood Musical.* Houndsmills, Basingstoke, Hampshire and London: THE MACMILLAN PRESS LTD, 1993 (2. Auflage).

Geraghty, Christine. "The Continuous Serial – A Definition". In: Dyer, Richard (Hg.): *Coronation Street.* London 1981. S. 9-26.

Giesenfeld, Günter/Prugger, Prisca. "Serien im Vorabend- und im Hauptprogramm". In: Schanze, Helmut/Zimmermann, Bernhard (Hg.). *Das Fernsehen und die Künste.* München, 1994. S. 349-388.

Herzog, Amy. *Dreams of Difference, Songs of the Same.* Minneapolis, 2010.

Hickethier, Knut. *Die Fernsehserie und das Serielle des Fernsehens.* Kultur Medien Kommunikation. Lüneburger Beiträge zur Kulturwissenschaft 2, Lüneburg 1991.

Kirchmann, Kay. "Philosophie der Möglichkeiten. Das Fernsehen als konjuktivisches Erzählmedium". In: Fahle, Oliver/Engell, Lorenz (Hg.). *Philosophie des Fernsehens.* München, 2006. S. 157-172.

---- "Einmal über das Fernsehen hinaus und wieder zurück. Neuere Tendenzen in US-amerikanischen TV-Serien". In: Meteling, Arno/Otto, Isabell/Schabacher, Gabriele (Hg.). *'Previously On...' Zur Ästhetik der Zeitlichkeit neuerer TV-Serien.* München: Wilhelm Fink Verlag, 2010. S. 61-72.

Klippel, Heike/Winkler, Hartmut. "'Gesund ist was sich wiederholt'. Zur Rolle der Redundanz im Fernsehen". In: Hickethier, Knut (Hg.). *Aspekte der Fernsehanalyse. Methoden und Modelle.* Münster, Hamburg 1994. S. 121-136.

Klippel, Heike. "Wiederholung, Reproduktion und Kino". In: *Frauen und Film.* Heft 63, März 2002. S. 84-94.

Kloock, Danieala/Spahr, Angela. *Medientheorien. Eine Einführung.* Paderborn 2007.

Köhler, Kristina. "You people are not watching enough television! Nach-Denken über Serien und serielle Formen". In: Blanchet, Robert/Köhler, Kristina (Hg.). *Serielle Formen.* Marburg: Schüren Verlag GmbH, 2011. S. 11-36.

Kozloff, Sarah. "Narrative Theory and Television". In: Allen, Robert (Hg.). *Channels of Discourse, Reassembled.* New York, London 1992. S. 67-100.

Laing, Heather. "Emotion by Numbers: Music, Song and the Musical". In: Marshall, Bill/Stilwell, Robynn. *Musicals. Hollywood & Beyond.* Hassalo St, Portland, Oregon: Intellect Ltd, 2000. S. 5-13.

Lindeperg Sylvie/Marshall Bill. "Time, History and Memory in Les Parapluies de Cherbourg". In: Marshall, Bill/Stilwell, Robynn. *Musicals. Hollywood & Beyond.* Hassalo St, Portland, Oregon: Intellect Ltd, 2000. S. 98-106.

Lodge, Mary Jo. "Beyond ´Jumping the Shark`: the new television musical". In: *Studies in Musical Theatre.* Vol. 1/Nr. 3, 2007. S. 293-305.

Marshall, Bill/Stilwell, Robynn. *Musicals. Hollywood & Beyond.* Hassalo St, Portland, Oregon: Intellect Ltd, 2000.

McMillan, Brian. "Complicitous Critique: *Dancer in the Dark* as Postmodern Musical". In: *Discourses in Music.* Vol. 5/Nr. 2, Herbst 2004. Online einsehbar unter: http://www.discourses.ca/v5n2a1.html (Zugriff: 13.02.12)

Meteling, Arno/Otto, Isabell/Schabacher, Gabriele. "Previously on ...". In: Meteling, Arno/Otto, Isabell/Schabacher, Gabriele (Hg.). *'Previously On...' Zur Ästhetik der Zeitlichkeit neuerer TV-Serien.* München: Wilhelm Fink Verlag, 2010. S. 7-15.

Mielke, Christine. *Zyklisch-serielle Narration. Erzähltes Erzählen von 1001 Nacht bis zur TV-Serie.* Berlin, New York 2006.

Mittell, Jason. "Narrative Complexity in Contemporary American Television". In: *The Velvet Light Trap.* Nr 58, Fall 2006; S. 29-40. Online einsehbar unter: https://seguecommunity.middlebury.edu/view/html/site/jmittell/node/4230077 (Zugriff: 03.09.2011)

Neale, Steve. *Genre and Hollywood.* New York: Routledge, 2000.

---- "Question of Genre". In: *Screen.* Vol. 31/Nr. 1, 1990. S. 45-66.

---- *Genre.* London. 1980.

Ostow, Micol (Hg.). *Buffy the Vampire Slayer, "Once More, With Feeling": The Script Book.* New York: Simon Pulse, 2002.

Parr, Rolf. "'Wiederholen'. Ein Strukturelement von Film, Fernsehen und neuen Medien im Fokus der Medientheorie". In: *KultuRRevolution.* Heft 47, 2004. S. 33-39.

Piepiorka, Christine. *Lost in Narration. Narrative komplexe Serienformate in einem transmedialen Umfeld.* Stuttgart: ibidem-Verlag, 2011.

Plasketes, George. "Cop Rock Revisited: Unsung Series and Musical Hinge in Cross-Genre Evolution". In: *Journal of Popular Film and Television.* Vol. 32/Nr. 2, Sommer 2004. S. 64-73.

Prugger, Prisca. "Wiederholung, Variation, Alltagsnähe. Zur Attraktivität der Sozialserie". In: Giesenfeld, Günter (Hg.). *Endlose Geschichten. Serialität in den Medien.* Hildesheim, 1994. S. 90-113.

Sandars, Diana/Wilcox, Rhonda V.. "Not ‚The Same Arrangement': Breaking Utopian Promises in the Buffy Musical". In: Attinello, Paul/Halfyard, Janet K./Knights, Vanessa (Hg.). *Music, Sound, and Silence in Buffy the Vampire Slayer.* Burlington: Ashgate Publishing Company, 2010. S. 189-208.

Scharbacher, Gabrielle. "Serienzeit. Zu Ökonomie und Ästhetik der Zeitlichkeit neuerer US-amerikanischer TV-Serien." In: Meteling, Arno/Otto, Isabell/Schabacher, Gabriele (Hg.): *'Previously On...' Zur Ästhetik der Zeitlichkeit neuerer TV-Serien.* München 2010. S. 19-39.

Schneider, Irmela. "Medien der Serienforschung". In: Meteling, Arno/Otto, Isabell/Schabacher, Gabriele (Hg.): *'Previously On...' Zur Ästhetik der Zeitlichkeit neuerer TV-Serien.* München 2010. S. 41-60.

Seiler, Sascha. *Was bisher geschah. Serielles Erzählen im zeitgenössischen amerikanischen Fernsehen.* Köln: Schnitt – der Filmverlag, 2008.

Sutton, Martin. "'Patterns of Meaning in the Musical'". In: Altman, Rick (Hg.). *Genre: The Musical. A Reader*. London: Routledge & Kegan Paul Ltd, 1981. S. 190-196.

Thompson, Robert J. *Television's Second Golden Age.* New York, 1996.

Thorburn, Sandy. "Insights and Outlooks: Getting Serious With Series Television Musicals". In: *Disccourses in Music.* Vol. 5/Nr. 1, 2004. Online einsehbar unter: http://www.discourses.ca/v5n1io.html (Zugriff: 13.08.2011)

Weber, Tanja/Junklewitz, Christian. "Das Gesetz der Serie – Ansätze zur Definition und Analyse". In: *MEDIENwissenschaft. Rezensionen.* H. 1, 2008. S. 13-31.

Winkler, Hartmut. "Technische Reproduktion und Serialität". In: Giesenfeld, Günter (Hg.). *Endlose Geschichten. Serialität in den Medien.* Hildesheim, 1994. S. 38-45.

---- "Vom Programm als Ereignis zum Programm als Ort. Zeit und Linearität im Fernsehen und in den digitalen Medien". In: *Kinoschriften.* Bd. 4. Wien 1996. S. 45-54.

Onlinequellen

http://www.cbsnews.com/8301-500185_162-57339182/dexter-musical-episode-on-its-way-maybe-not/ (Zugriff: 17.02.2012)

http://www.hercxena.wikia.com/wiki/The_Rift (Zugriff: 12.01.2012)

http://www.lore-merchant.org/xwp-eps/xena-s3.html (Zugriff: 12.01.2012)

http://mediacommons.futureofthebook.org/imr/2011/12/15/tv-series-metaseriality-and-very-special-episode (Zugriff: 25.02.2012)
http://www.oocities.org/lars_von_trier2000/interview6.html (Zugriff 12.02.2012)
http://www.tvguide.com/News/Greys-Shonda-Rhimes-1025983.aspx (Zugriff: 16.02.12)
http://www.xena.nu/storyarcs.html (Zugriff: 12.01.2012)

Serien- und Episodenverzeichnis

7th Heaven (USA 1996-2007), Staffel 9, Episode 15 "Red Socks" (Erstausstrahlung: 14.02.2005)

Buffy the Vampire Slayer (USA 1997-2003), Staffel 6, Episode 7 "Once more with Feeling" (Erstausstrahlung: 06.11.2001), deutsche DVD-Veröffentlichung, Erscheinungsdatum: Oktober 2010.

Buffy the Vampire Slayer (USA 1997-2003), Staffel 7, Episode 5 "Selfless" (Erstausstrahlung: 22.10.2002), deutsche DVD-Veröffentlichung, Erscheinungsdatum: Oktober 2010.

Chicago Hope (USA 1994-2000), Staffel 4, Episode 3 "Brain Salad Surgery" (Erstausstrahlung: 15.10.1997)

The Dick van Dyke Show (USA 1961-1966), Staffel 3, Episode 13 "The Alan Brady Show Presents" (Erstausstrahlung: 18.12.1963)

Grey's Anatomy (USA 2005-heute), Staffel 7, Episode 18 "Song Beneath the Song" (Erstausstrahlung: 31.03.2011), deutsche DVD-Veröffentlichung, Erscheinungsdatum: Dezember 2011.

House M.D. (USA 2004-heute), Staffel 7, Episode 15 "Bombshells" (Erstausstrahlung 07.03.2011)

How I Met Your Mother (USA 2005-heute), Staffel 5, Episode 12 "Girls Versus Suits" (Erstausstrahlung: 11.01.2010)

I Love Lucy (USA 1951-1957), Staffel 5, Episode 17 "Lucy Goes to Scotland" (Erstausstrahlung: 20.02.1956)

*M*A*S*H* (USA 1972-1983), Staffel 4, Episode 24 "The Interview" (Erstausstrahlung: 24.02.1976)

Moonlighting (USA 1985-1989), Staffel 2, Episode 4 "The Dreamsequence Always Rings Twice" (Erstausstrahlung: 15.10.1985), deutsche DVD-Veröffentlichung, Erscheinungsdatum: Oktober 2008.

Moonlighting (USA 1985-1989), Staffel 4, Episode 13 "Here's Living with You, Kid" (Erstausstrahlung: 15.03.1988), deutsche DVD-Veröffentlichung, Erscheinungsdatum: Juni 2009.

Scrubs (USA 2001-2010), Staffel 6, Episode 6 "My Musical" (Erstausstrahlung: 18.01.2007), deutsche DVD-Veröffentlichung, Erscheinungsdatum: April 2008.

That '70s Show (USA 1998-2006), Staffel 4, Episode 24 "That '70s Musical" (Erstausstrahlung: 30.04.2002)

Xena: Warrior Princess (USA 1995-2001), Staffel 3, Episode 12 "The Bitter Suite" (Erstausstrahlung: 02.02.1998), deutsche DVD-Veröffentlichung, Erscheinungsdatum: Oktober 2007.

Xena: Warrior Princess (USA 1995-2001), Staffel 3, Episode 17 "Forget Me Not" (Erstausstrahlung: 08.03.1998), deutsche DVD-Veröffentlichung, Erscheinungsdatum: Oktober 2007.

Xena: Warrior Princess (USA 1995-2001), Staffel 4, Episode 13 "Paradise Found" (Erstausstrahlung: 01.02.1999), deutsche DVD-Veröffentlichung, Erscheinungsdatum: Oktober 2007.

Xena: Warrior Princess (USA 1995-2001), Staffel 5, Episode 10 "Lyre, Lyre, Hearts on Fire" (Erstausstrahlung: 17.01.2000), deutsche DVD-Veröffentlichung, Erscheinungsdatum: Oktober 2007.

Filmverzeichnis

Casablanca (USA 1942; Regie: Michael Curtiz)

Dancer in the Dark (Dänemark 2000; Regie: Lars von Trier)

Les Parapluies de Cherbourg (Frankreich 1964; Regie: Jacques Demy)

The Sheik (USA 1921; Regie: George Melford)

Singin' in the Rain (USA 1952; Regie: Gene Kelly, Stanley Donen)

The Sound of Musik (USA 1965; Regie: Robert Wise)

The Wizard of Oz (USA 1939; Regie: Victor Fleming)

FILM- UND MEDIENWISSENSCHAFT

Herausgegeben von Irmbert Schenk und Hans Jürgen Wulff

ISSN 1866-3397

1 *Oliver Schmidt*
Leben in gestörten Welten
Der filmische Raum in David Lynchs *Eraserhead*, *Blue Velvet*, *Lost Highway* und *Inland Empire*
ISBN 978-3-89821-806-1

2 *Indra Runge*
Zeit im Rückwärtsschritt
Über das Stilmittel der chronologischen Inversion in *Memento*, *Irréversible* und *5 x 2*
ISBN 978-3-89821-840-5

3 *Alina Singer*
Wer bin ich? Personale Identität im Film
Eine philosophische Betrachtung von *Face/Off*, *Memento* und *Fight Club*
ISBN 978-3-89821-866-5

4 *Florian Scheibe*
Die Filme von Jean Vigo
Sphären des Spiels und des Spielerischen
ISBN 978-3-89821-916-7

5 *Anna Praßler*
Narration im neueren Hollywoodfilm
Die Entwürfe des Körperlichen, Räumlichen und Zeitlichen in *Magnolia*, *21 Grams* und *Solaris*
ISBN 978-3-89821-943-3

6 *Evelyn Echle*
Danse Macabre im Kino
Die Figur des personifizierten Todes als filmische Allegorie
ISBN 978-3-89821-939-6

7 *Miriam Grossmann*
Soziale Figurationen und Selbstentwürfe
Schauspieler und Figureninszenierung in Eric Rohmers *Pauline am Strand*, *Vollmondnächte* und *Das grüne Leuchten*
ISBN 978-3-89821-944-0

8 *Peter Klimczak*
40 Jahre ‚Planet der Affen'
Zeitgeist- und Reihenkompatibilität – über Erfolg und Misserfolg von Adaptionen
ISBN 978-3-89821-977-8

9 *Ingo Lehmann*
Ziellose Bewegungen und mediale Selbstauflösung
Das absurde «Genrefilm-Theater» Monte Hellmans
ISBN 978-3-89821-917-4

10 *Gerd Naumann*
Der Filmkomponist Peter Thomas
Von Edgar Wallace und Jerry Cotton zur Raumpatrouille Orion
ISBN 978-3-8382-0003-3

11 *Anja-Magali Bitter*
Die Inszenierung des Realen
Entwicklung und Perzeption des neueren französischen Dokumentarfilms
ISBN 978-3-8382-0066-8

12 *Martin Hennig*
Warum die Welt Superman nicht braucht
Die Konzeption des Superhelden und ihre Funktion für den Gesellschaftsentwurf in US-amerikanischen Filmproduktionen
ISBN 978-3-8382-0046-0

13 *Esther Lulaj*
Nimm (nicht) ab!
Zur Funktion des Telefons im Spielfilm – Von Metropolis bis Matrix
ISBN 978-3-8382-0125-2

14 *Boris Rozanski*
Das ungleiche Liebespaar in der 'Screwball Comedy'
Paarbildung und Selbstfindung von Frank Capras *It Happened One Night*
bis zu Jonathan Demmes *Something Wild*
ISBN 978-3-8382-0145-0

15 *Carolin Lano*
Die Inszenierung des Verdachts
Überlegungen zu den Funktionen von TV-mockumentaries
ISBN 978-3-8382-0214-3

16 *Christine Piepiorka*
LOST in Narration
Narrativ komplexe Serienformate in einem transmedialen Umfeld
ISBN 978-3-8382-0181-8

17 *Daniela Olek*
LOST und die Zukunft des Fernsehens
Die Veränderung des seriellen Erzählens im Zeitalter von *Media Convergence*
ISBN 978-3-8382-0174-0

18 *Eleonóra Szemerey*
Die Botschaft der grauen Wand
Über die Vermittlung von Hoffnung und Hoffnungslosigkeit in Aki Kaurismäkis Verlierer-Filmen
ISBN 978-3-8382-0222-8

19 *Florian Plumeyer*
Sadismus und Ästhetisierung
Folter als kultureller und filmischer Exzess im Gegenwartskino
ISBN 978-3-8382-0188-7

20 *Jonas Wegerer*
Der nahe Fremde: Der amerikanische Western in den Kinos der Bundesrepublik Deutschland (1948-1960)
Eine rezeptionshistorische Analyse
ISBN 978-3-8382-0307-2

21 *Peter Podrez*
Der Sinn im Untergang
Filmische Apokalypsen als Krisentexte im atomaren und ökologischen Diskurs
ISBN 978-3-8382-0254-9

22 *Yvonne Augustin*
Episodisches Erzählen im Film
Alejandro González Iñárritus Filmtrilogie AMORES PERROS, 21 GRAMS und BABEL
ISBN 978-3-8382-0335-5

23 *Julia Steimle*
Fiktive Realität – reale Fiktion
Realitätsebenen und ihre Integration im Hollywood-Backstage-Musical, untersucht anhand von THE BROADWAY MELODY, GOLD DIGGERS OF 1933, THE BAND WAGON, ALL THAT JAZZ und MOULIN ROUGE!
ISBN 978-3-8382-0319-5

24 *Jana Heberlein*
Die *Neue Berliner Schule*
Zwischen Verflachung und Tiefe: Ein ästhetisches Spannungsfeld in den Filmen von Angela Schanelec
ISBN 978-3-8382-0407-9

25 *Karoline Stiefel*
Geistesblitze und Genialität – Bilder aus dem Gehirn des Detektivs
Die Visualisierung von Imagination in den TV-Serien SHERLOCK und HOUSE, M.D.
ISBN 978-3-8382-0522-9

26 *Stephanie Boniberger*
Musical in Serie
Von *Buffy* bis *Grey's Anatomy*: Über das reflexive Potential der *special episodes* amerikanischer TV-Serien
ISBN 978-3-8382-0492-5

Sie haben die Wahl:

Bestellen Sie die Schriftenreihe
Film- und Medienwissenschaft
einzeln oder im **Abonnement**

per E-Mail: vertrieb@ibidem-verlag.de | per Fax (0511/262 2201)
als Brief (*ibidem*-Verlag | Leuschnerstr. 40 | 30457 Hannover)

Bestellformular

❒ Ich abonniere die Schriftenreihe *Film- und Medienwissenschaft* ab Band # ____

❒ Ich bestelle die folgenden Bände der Schriftenreihe *Film- und Medienwissenschaft*
____; ____; ____; ____; ____; ____; ____; ____; ____; ____

Lieferanschrift:

Vorname, Name ....

Anschrift ....

E-Mail.. | Tel.: ....

Datum .... | Unterschrift ....

Ihre Abonnement-Vorteile im Überblick:

- Sie erhalten jedes Buch der Schriftenreihe pünktlich zum Erscheinungstermin – immer aktuell, ohne weitere Bestellung durch Sie.
- Das Abonnement ist jederzeit kündbar.
- Die Lieferung ist innerhalb Deutschlands versandkostenfrei.
- Bei Nichtgefallen können Sie jedes Buch innerhalb von 14 Tagen an uns zurücksenden.

ibidem-Verlag

Melchiorstr. 15

D-70439 Stuttgart

info@ibidem-verlag.de

www.ibidem-verlag.de
www.ibidem.eu
www.edition-noema.de
www.autorenbetreuung.de

Zeitfracht Medien GmbH
Ferdinand-Jühlke-Straße 7
99095 Erfurt, Deutschland
produktsicherheit@kolibri360.de